I0697108

EN PRISE AVEC LA PERVERSION NARCISSIQUE ?

Des réponses à vos questions.

Céline PACORET

SOMMAIRE

Introduction 9

1) Quels signes montrent que l'on est face à un(e) pervers(e) narcissique ?.. 11

2) Existe-t-il un profil type de la cible de pervers(e) narcissique ? 15

3) Quelles sont les étapes d'une relation d'emprise avec un(e) pervers(e) narcissique ?.................................... 19

4) Pourquoi la victime ne part pas malgré d'énormes souffrances avec le (la) pervers(e) narcissique ?..................... 23

5) Qu'est ce qui déclenche la dévalorisation dans une relation avec un(e) pervers(e) narcissique ? 25

6) Pourquoi un(e) pervers(e) narcissique rabaisse ses victimes ? 27

7) Quel est l'objectif d'un(e) pervers(e) narcissique dans la vie ? 29

8) Pourquoi la victime d'un(e) pervers(e) narcissique met du temps à réaliser ce qui se passe dans cette relation ?........ 31

9) Pourquoi l'entourage du (de la) pervers(e) narcissique ne réagit pas au moment de la rupture ? 33

10) Comment et pourquoi les pervers(es) narcissiques parviennent à créer une telle dépendance chez leurs victimes ?...35

11) Quelles sont les techniques de manipulation utilisées par les pervers(es) narcissiques ? 37

12) Qu'est-ce que l'identification projective ?.................. 41

13) Quelles sont les phrases récurrentes des pervers(es) narcissiques ?.. 43

14) Quelles croyances entrainent et maintiennent la victime sous emprise ?... 47

15) Quels sont les pièges qui enferment la victime dans l'emprise d'un(e) pervers(e) narcissique ? 51

16)   Le (la) pervers(e) narcissique parvient-il (elle) à s'approprier les qualités de sa victime ?.....53

17)   Le (la) pervers(e) narcissique se sent-il (elle) mieux au contact de ses victimes ?.....55

18)   Lorsqu'un(e) pervers(e) narcissique dit « Je t'aime », qu'est-ce que cela signifie ?.....59

19)   La personne perverse narcissique déteste-t-elle sa victime, finalement ?.....63

20)   Est-ce dangereux d'être ami(e) avec un(e) pervers(e) narcissique ?.....65

21)   Pourquoi une personne perverse narcissique a besoin de rabaisser ses victimes ?.....69

22)   Une personne perverse narcissique peut-elle être sincère ?.....71

23)   La victime peut-elle, elle aussi, faire souffrir le (la) pervers(e) narcissique ?.....73

24)   Les victimes de pervers(es) narcissiques sont-elles, inconsciemment, consentantes ?.....75

25)   Que reflète la durée d'une relation avec un(e) pervers(e) narcissique ?.....77

26)   Quelles sont les conséquences d'une relation avec un(e) pervers(e) narcissique sur la victime ?.....79

27)   Peut-on aider un(e) pervers(e) narcissique ?.....81

28)   Comment renoncer à vouloir aider un(e) pervers(e) narcissique ?.....83

29)   A quel moment voit-on le vrai visage du (de la) pervers(e) narcissique ?.....85

30)   Comment réagit une personne perverse narcissique lorsqu'elle est démasquée ?.....87

31)   Pourquoi la rupture avec un(e) pervers(e) narcissique est plus douloureuse que toutes les autres ?.....89

32)	Qu'est-ce-qui fait partir un(e) pervers(e) narcissique ?......91

33)	Quand la personne perverse narcissique s'en va, pourquoi la victime est -elle convaincue d'être responsable de l'échec de la relation ?...... 93

34)	Pourquoi le silence radio d'un(e) pervers(e) narcissique est une torture pour sa victime ?...... 95

35)	Pourquoi ce besoin de savoir ce que devient le (la) pervers(e) narcissique après la séparation ?...... 97

36)	Comment se fait-il que les pervers(es) narcissiques arrivent à tourner la page aussi vite ?...... 99

38)	Comment accepter de n'avoir jamais vraiment compté pour le (la) pervers(e) narcissique ?...... 101

39)	Pourquoi est-ce si difficile d'ouvrir les yeux d'une personne en relation avec un(e) pervers(e) narcissique ?..... 103

40)	Pourquoi ces pensées obsessionnelles après la séparation avec un(e) pervers(e) narcissique ?...... 105

41)	Les pervers(es) narcissiques reviennent-ils (elles) toujours ?...... 107

42)	Au bout de combien de temps un(e) pervers(e) narcissique lâche prise ?...... 109

43)	Que faut- il éviter après une relation avec un(e) pervers(e) narcissique ?...... 111

44)	Quelles sont les leçons à retenir concernant la relation avec un(e) pervers(e) narcissique ?...... 113

45)	Quelles sont les étapes traversées après la rupture par une victime de pervers(e) narcissique ?...... 115

46)	Peut-on redevenir la personne que l'on était avant la rencontre avec le (la) pervers(e) narcissique ?...... 117

47)	Pourquoi la victime d'un(e) pervers(e) narcissique est toujours surveillée voire harcelée après la rupture ?...... 119

48)	Comment ne plus attirer les pervers(es) narcissiques ?......121

49) Comment se remettre d'une relation avec un(e) pervers(e) narcissique ? 123

50) Si l'emprise m'était contée… 125

Conclusion 127

Introduction

La « perversion narcissique » ou « abus narcissique » fait référence à un schéma de comportement manipulateur et émotionnellement abusif entrainant un préjudice psychologique souvent important chez les personnes qui en sont victimes. Ce concept est généralement associé à la dynamique du trouble de la personnalité narcissique et à la manière dont les individus présentant de tels traits, hommes ou femmes, peuvent s'engager dans des relations toxiques et contrôlantes aboutissant à une emprise.

Dans ce type de relation, qui peut concerner tout autant le domaine de la vie privée que celui de la vie professionnelle, le (la) pervers(e) narcissique cherche à contrôler et à dominer sa cible en utilisant ses vulnérabilités et en créant souvent une dépendance.

Les victimes des pervers(es) narcissiques éprouvent de la confusion, une faible estime de soi, de l'anxiété et un traumatisme émotionnel conséquent à la suite de l'abus. Il est donc important d'en reconnaitre les signes et de demander de l'aide si vous pensez que vous, ou quelqu'un que vous connaissez, êtes dans une telle situation.

Cet ouvrage s'adresse donc tout naturellement à toutes les personnes qui, de près ou de loin, côtoient ou ont côtoyé quelqu'un qui utilise des mécanismes pervers narcissiques, ainsi qu'à tous ceux que le sujet intéresse.

J'ai souhaité, à partir de mon expérience personnelle (décrite dans mon témoignage « C'est MOI ta famille »), partager dans cet ouvrage des éléments de réponse à quelques-unes des nombreuses questions que se posent les victimes, ainsi que leur entourage, afin de les aider à sortir de l'emprise, panser les blessures qu'elle a pu causer ou rouvrir, et continuer à avancer.

1) Quels signes montrent que l'on est face à un(e) pervers(e) narcissique ?

Lorsque vous rencontrez un(e) pervers(e) narcissique, cette personne correspond en tous points à ce dont vous avez besoin au moment de la rencontre : soit elle correspond à l'idéal du partenaire, de l'ami(e), du collègue dont vous avez besoin, soit vous venez d'essuyer un revers : un divorce, un décès, une maladie dans la famille et vous rencontrez une personne qui va arriver à point nommé pour vous consoler ! Vous constatez que la personne que vous venez de rencontrer éprouve un réel engouement pour votre personne : tout ce que vous êtes, tout ce que vous faites est magnifique et génial. De même, tout va très vite : le (la) pervers(e) narcissique tient à vous revoir au plus vite, vous inonde de messages en tous genres, vous couvre de cadeaux. Vous vivez un rêve éveillé !

Cette personne va très rapidement vouloir instaurer une relation très sérieuse avec vous. Vous vous sentez flatté(e) par toutes ces attentions, vous êtes rassuré(e) par cette personne qui sait si bien vous comprendre alors vous ne vous méfiez pas. Mais sans que vous vous en rendiez vraiment compte, cette personne va tester vos limites : vous allez avoir des coups de fil toute la journée, des messages et ensuite ce sera la nuit aussi.

Cette attitude vous dérange un petit peu mais en même temps, vous vous sentez flatté(e). Vous pensez que cela témoigne d'un grand intérêt pour vous et c'est agréable au fond. Très souvent, le (la) pervers(e) narcissique va vous parler de ses anciennes relations qui l'ont beaucoup affecté(e) selon ses dires. Le (la) pauvre a eu une enfance tellement difficile, ses précédentes rencontres l'ont tellement fait souffrir ! Vous ne pouvez pas rester insensible à tout cela et vous allez vouloir l'aider : vous allez en faire toujours plus pour le (la) rassurer.

Lorsque quelqu'un vous parle de ses anciennes relations qui ont toutes mal tourné et que cette personne dénigre la plupart des gens de son entourage, faites attention ! C'est un indice car dans quelques temps cela pourrait être votre tour.

Rapidement vous allez vous apercevoir que cette personne peut « switcher » d'humeur d'une seconde à l'autre sans que vous compreniez pourquoi. Ça aussi c'est un indice. Votre profonde empathie va vous pousser à penser que compte tenu de son vécu, cette personne est devenue émotive et vous allez donc l'excuser. Ainsi, petit à petit, cette personne va prendre de plus en plus de place dans votre vie et également dans votre esprit.

Là où ça devient embêtant, c'est lorsque c'est vous qui devenez l'objet des reproches, des remarques de plus en plus blessantes. Ça va commencer par des petites choses comme ça, l'air de rien, sur ce que vous faites, puis ce seront des reproches sur ce que vous êtes. Petit à petit, le (la) pervers(e) narcissique avance dans les abus. On en arrive progressivement au dénigrement, aux humiliations.

Enfin, caractéristique la plus importante d'un(e) pervers(e) narcissique : le désir de contrôler les autres : c'est à lui (elle) de décider comment doivent se dérouler les choses, vous n'avez pas votre mot à dire. Que vous soyez d'accord ou non ce n'est pas son problème. De même un(e) pervers(e) narcissique est un adepte du « Fais ce que je dis mais pas ce que je fais ! ». Il (elle) a le droit de vous critiquer, vous non. Il (elle) a le droit d'aller où bon lui semble sans explication, vous, il n'en est pas question ! En bref plus la relation avance, plus il (elle) a tous les droits et moins vous en avez.

Si vous êtes face à un(e) pervers(e) narcissique, vous devez vous effacer totalement, oublier tous vos besoins, ne faire plus qu'un avec lui (elle). Et si vous essayez de vous affirmer, cela sera vécu comme un affront par cette personne qui vous le fera payer.
Lorsque vous constatez de tels comportements chez une personne que vous côtoyez, le mieux est de s'en éloigner le plus possible afin d'éviter de tomber sous l'emprise de cette personne. Emprise qui, on le sait, provoque d'énormes dégâts chez la victime.

2) Existe-t-il un profil type de la cible de pervers(e) narcissique ?

Toutes les proies des pervers(es) narcissiques présentent globalement toutes les mêmes caractéristiques.

Si vous en est une c'est que vous êtes une personne pleine d'énergie positive, sincère et spontanée. Vous êtes également une personne très sensible, créative parfois et surtout douée d'une très forte empathie. Le (la) pervers(e) narcissique étant une personne vide au contraire, va être fortement attiré(e) par toutes les qualités que vous avez et va tenter de se les approprier.

En début de relation il (elle) éprouve un réel engouement pour vous qui représentez tout ce qu'il (elle) aimerait être. Mais ce n'est pas un intérêt authentique pour votre personne malheureusement.

En fait il (elle) va chercher à établir une relation fusionnelle avec vous pour tenter de devenir comme vous. Si vous êtes très honnête avec vous-même, vous le sentez pendant la relation que ce n'est pas réellement vous qui intéressez cette personne mais vous ne voulez pas vous l'avouer. Vous vous sentez interchangeable auprès de cet(te) ami(e) ou partenaire. Vous n'avez pas l'impression d'être unique pour lui (elle). Les qualités essentielles que le (la) pervers(e) narcissique a repérées chez vous, sa cible, c'est votre capacité à vous remettre en question, à admettre que vous puissiez avoir tort sur tel ou tel sujet et surtout votre propension à culpabiliser quand quelque chose ne va pas.

Si vous réunissez tous ces critères, en plus de votre richesse intérieure, vous constituez une proie de choix et si, par-dessus le marché, vous avez rencontré dans votre enfance, de grosses difficultés qui vous ont laissé des cicatrices et donc des fragilités, c'est la cerise sur le gâteau pour le (la) pervers(e) narcissique : il (elle) va pouvoir s'appuyer sur ces fragilités et vous entraîner dans son manège infernal.

Très souvent les personnes empathiques ont à cœur d'aider les personnes en détresse, c'est ce qu'on appelle communément le syndrome de l'infirmière. Le (la) pervers(e) narcissique s'amusera donc à jouer les victimes de tout et de tout le monde afin d'éveiller chez vous ce désir de lui porter secours et vous entraîner dans ses filets. Vous allez alors essayer de redonner le sourire, la joie de vivre à cette personne qui n'en a jamais assez.

Puis, lorsque la relation avance et que le (la) pervers(e) narcissique se rend compte qu'il (elle) ne peut pas devenir comme vous, son objectif final devient de détruire tout ce qui l'attirait chez vous, de vous enlever toute cette énergie dont vous faites preuve afin de se sentir supérieur(e) à vous.

Lorsque vous sortez d'une relation avec un(e) pervers(e) narcissique, vous vous sentez donc totalement vide et vous avez l'impression de n'avoir plus aucune valeur, le (la) pervers(e) narcissique s'étant évertué(e) à vous faire sentir de plus en plus insuffisant(e).

Ce qu'il faut bien comprendre c'est que la cruauté dont fait preuve le (la) pervers(e) narcissique après la période de love bombing (période de grande séduction) est à la hauteur de l'admiration qu'il (elle) pouvait vous porter en début de relation.

Penser donc que les victimes de pervers(es) narcissiques sont des personnes faibles est une erreur grossière. Au contraire, une personne faible ne constituerait aucun intérêt pour ce genre de personnes qui a besoin de vampiriser quelqu'un plein de ressources. En revanche, c'est vrai que souvent le (la) pervers(e) narcissique profite d'une épreuve que vous traversez pour lancer son assaut : un deuil dans votre famille, une maladie, la perte d'un emploi. Il (elle) peut alors se présenter comme un sauveur dans votre vie.

De votre côté, étant dans la détresse, vous baissez votre garde et le tour est joué pour la personne toxique !

3) Quelles sont les étapes d'une relation d'emprise avec un(e) pervers(e) narcissique ?

Lorsqu'on se penche sur les relations d'emprise avec un(e) pervers(e) narcissique, on s'aperçoit qu'elles suivent toutes globalement une sorte de script divisé en 4 étapes :

- **Le repérage** d'une personne susceptible de nourrir l'égo défaillant du/de la pervers(e) narcissique. (la « proie » ou » cible »)

- La prise de contact et le « scan » de la proie pendant la période dite de séduction ou lune de miel, encore appelée **love bombing**.
  Pendant cette période la cible est idéalisée, encensée. Elle pense d'ailleurs vivre un rêve éveillé. En réalité, c'est le moment pendant lequel elle est analysée, étudiée afin de savoir tout ce à quoi elle aspire dans la vie, pour pouvoir « faire mine » de le lui apporter.

- **Le ferrage** : la proie est progressivement isolée de ses amis, de sa famille, tout en continuant à être complimentée, mise sur un piédestal. Le (la) pervers(e) narcissique instaure ainsi une dépendance de la proie vis à vis de lui (d'elle) et pousse sa proie à s'engager véritablement dans la relation : c'est à ce moment-là qu'on parle mariage, achat en commun, enfants ou tout bonnement qu'on en vient aux confidences (surtout pour les relations « amicales »).

- **La dévalorisation** : une fois que le ferrage de la proie est effectif, la personne toxique est sûre d'avoir bien le contrôle. Les reproches arrivent progressivement, les humiliations également. La proie, tout à coup, n'est plus aussi parfaite, elle est attaquée petit à petit sur ses valeurs, ses choix, puis sa personnalité. En agissant ainsi, la personne porteuse du trouble de la personnalité narcissique se place en position dominante, supérieure. En rabaissant l'autre, elle se sent revalorisée.

  La proie, devenue sa victime, déploie une énergie colossale pour retrouver la situation des débuts ou son (sa) partenaire, son ami(e), ou collègue, la percevait comme LA personne idéale. Sans jamais y parvenir.

- **Le rejet** : finalement, après plusieurs mois, plusieurs années ou décennies même, la victime est épuisée, extrêmement blessée et ne parvient plus à renvoyer à la personne en face une aussi belle image de lui (d'elle). Lassé(e) par la victime (son jouet), le (la) pervers(e) narcissique finit par se détourner d'elle et par chercher une nouvelle proie qui aura droit au même traitement. Une fois cette dernière trouvée, le (la) pervers(e) narcissique se débarrasse de sa victime, comme d'un jouet abimé.

Parfois, c'est la victime qui prend la décision de partir, poussée par l'humiliation de trop.

Les pervers(es) narcissiques agissent ainsi avec toutes les personnes qui ont le malheur de s'approcher de trop près : conjoint(e), ami(e), enfants (ferrés d'emblée compte tenu de leur position d'enfants), collègue de travail. C'est leur mode de fonctionnement, la seule façon qu'ils ont trouvée pour se donner de la valeur. Se sentir au-dessus de l'autre, être plus fort(e), avoir le pouvoir de déclencher des émotions (positives ou négatives) c'est comme ça qu'ils (elles) se sentent exister.

4) Pourquoi la victime ne part pas malgré d'énormes souffrances avec le (la) pervers(e) narcissique ?

La réponse est simple : vous pensez être tombé(e) sur votre âme sœur ! Vous avez senti chez cette personne la même blessure que la vôtre, ce même besoin d'être aimé(e).

C'est ce fort besoin d'être aimé(e), d'être reconnu(e) qui vous pousse à accepter toujours plus venant de cette personne. Surtout que les souvenirs des débuts idylliques de la relation sont très présents dans votre esprit.

Ce que vous ne comprenez pas tout de suite, c'est que le (la) pervers(e) narcissique n'a pas géré sa blessure de la même façon que vous : tandis que vous, vous êtes prêt(e) à tout donner pour vous faire aimer de cette personne, elle s'est coupée de ses émotions dans son enfance et n'est donc pas capable de recevoir votre amour et encore moins de vous en donner !

Si vous réussissez à vous extirper de cette relation destructrice, vous retrouverez votre vitalité et votre richesse intérieure que vous n'avez pas perdues !

Vous savez désormais que certaines personnes ne sont pas dans la bienveillance et êtes à même de repérer les signes que quelque chose ne tourne pas rond dans une relation : si quelqu'un vous fait bien trop de compliments, se présente trop semblable à vous, ou si les choses vont trop vite, toutes ces choses doivent vous alerter.

Comme le précise un certain adage : quand c'est trop beau pour être vrai et bien c'est que ça ne l'est pas !

5) Qu'est ce qui déclenche la dévalorisation dans une relation avec un(e) pervers(e) narcissique ?

Lorsque soudainement, les choses tournent mal et que plus rien ne semble aller dans votre relation de couple, amicale, ou de travail, vous avez tendance à rechercher les causes de ce revirement de situation. Vous vous interrogez sur ce qui a pu se passer avec la personne à laquelle vous souhaitez tant plaire. Ne trouvant pas de réponse satisfaisante, vous en arrivez à vous remettre en question, vous ! Vous revoyez alors en boucle tout ce que vous avez vécu avec cette personne pour trouver là où vous avez été insuffisant(e).

Mais en réalité ce qui déclenche la phase de dévalorisation, c'est justement le fait qu'il (elle) est désormais sûr(e) que vous êtes bien devenu(e) accroc. Tant qu'il (elle) avait encore des doutes sur votre capacité à vous en aller au moindre écart de conduite, il (elle) continuait à vous en mettre plein les yeux, tout en testant subtilement, par moment, vos réactions avec des petits pics…qui sont devenus des remarques, des reproches, puis carrément des rabaissements, des humiliations, surtout si vous n'avez pas fait d'objection.

Dites-vous bien que vous n'avez rien fait pour « mériter » cette dévalorisation. Celle-ci faisait partie du plan depuis le départ car ce qui nourrit, remplit la personne que vous avez en face, c'est d'instaurer une domination sur les autres pour se sentir puissant(e), au-dessus de tout le monde.

Si vous parvenez à rester plus ou moins indifférent(e) à son love-bombing (bombardement d'amour), il (elle) continuera à vouloir vous séduire, et les supers moments s'enchaineront. Ce sera alors un défi pour lui (elle) de vous faire plier. Bien sûr il ne faut pas que cela dure éternellement non plus, car alors, n'obtenant pas son précieux carburant auprès de vous, il (elle) finira par se détourner pour chercher une autre proie plus « réceptive ».

6) Pourquoi un(e) pervers(e) narcissique rabaisse ses victimes ?

Si vous avez connu une relation d'emprise avec un(e) pervers(e) narcissique, vous êtes passé(e) du conte de fées au cauchemar sans comprendre ce qui a pu provoquer ce revirement de situation.

Pourquoi cette personne qui, au début de la relation, vous avait littéralement mis(e) sur un piédestal, se met soudainement à vous rabaisser, à vous dénigrer ?

Vous qui pensiez avoir trouvé la personne avec qui l'alchimie était parfaite, vous vous retrouvez à vous sentir coupable de tout ce qui cloche dans la relation. Vous êtes passé(e) d'une période où vous vous sentiez pousser des ailes à une autre ou apparemment tout ce que vous pouvez faire ne convient jamais à votre partenaire, votre ami(e) ou votre collègue. Vous avez beau tourner en boucle tous les événements dans votre tête vous ne comprenez pas et vous vous épuisez à chercher des solutions pour retrouver la béatitude des débuts.

Soyez rassuré(e) ! Si vous êtes face à un(e) pervers(e) narcissique son brutal changement de comportement n'a rien à voir avec vous ! Vous n'êtes pas responsable de ce changement de situation, tout simplement parce que, contrairement à ce que vous avez pu croire depuis le début, il n'y a jamais eu de réelle connivence avec cette personne. Celle-ci n'a fait que faire semblant d'aimer les mêmes choses que vous, de faire tout comme vous, pour pouvoir vous lier à elle et ensuite vous rabaisser sans que vous ne preniez la fuite au premier dénigrement.

Pourquoi cette personne fait-elle ça ? Parce que contrairement aux apparences, un(e) pervers(e) narcissique ne s'aime pas, ne se trouve pas de valeur et se sent extrêmement vide à l'intérieur. Tout ceci est le résultat d'un défaut de construction de sa personnalité durant l'enfance. Pour combler ce vide et se donner de la consistance, il (elle) a besoin de s'entourer de personnes comme vous, bien vivantes, avec de belles émotions, des personnes qu'il (elle) admire pour leurs qualités de cœur notamment.

En créant une relation fusionnelle avec vous, le (la) pervers(e) narcissique espère se remplir de vos émotions et ainsi combler ce vide qui l'habite en permanence.

Le problème c'est que c'est comme si on cherchait à remplir un puits sans fond. Et ça, il (elle) le sent bien au bout d'un moment. C'est pour cela que soudainement, vous devenez un danger pour lui (elle), car avec votre personnalité bien entière, vous remettez en cause l'image de personne au-dessus du lot qu'il (elle) s'est créée de toutes pièces. Image à laquelle il (elle) s'efforce de croire.

Sans crier gare, votre partenaire, votre ami(e), votre collègue se met à vous dévaloriser à la hauteur de ce qu'il (elle) a pu vous admirer lors de votre rencontre. En vous rabaissant, il (elle) pense se remonter !

Plus cette personne a de l'impact sur vous, plus elle se sent puissante et donc, à sa manière, vivante. Quoi que vous décidiez de faire ensuite, vous ne parviendrez pas à améliorer la situation.
Avec un(e) pervers(e) narcissique, une relation est forcément synonyme d'anéantissement de la cible qu'il (elle) a choisie.

7) Quel est l'objectif d'un(e) pervers(e) narcissique dans la vie ?

Contrairement aux apparences, un(e) pervers(e) narcissique n'a que très peu de considération pour sa propre personne. Ceci est dû au fait que cette personne n'a jamais été validée par ses éducateurs comme personne à part entière pendant l'enfance. De ce fait, pour survivre, cet enfant s'est forgé une image de perfection et s'est totalement coupé de ses émotions pour ne pas souffrir. Il (elle) passe ainsi sa vie à chercher des partenaires, des ami(e)s, des collègues, pour valider cette image de perfection imaginée.

Afin d'obtenir satisfaction, il (elle) choisit des personnes altruistes, aimantes, capables de se remettre en question afin de se calquer à elles et avoir ainsi l'illusion d'être comme elles. Pendant ce temps il (elle) fait mine d'apporter à ses "proies" tout ce qu'elles attendent, pour avoir un retour gratifiant sur sa propre personne. Cela fonctionne au début, mais une fois que le (la) pervers(e) narcissique s'aperçoit que devenir l'autre est impossible, il (elle) se met à en vouloir à cet(te) autre qui possède tout ce qu'il (elle) n'a pas et n'aura jamais : une intériorité émotionnelle.

Les qualités de la proie, convoitées au début de la relation, deviennent ce qui précisément va pousser le/la pervers(e) narcissique à tenter de détruire cette proie : puisqu'il est impossible de devenir l'autre, il faut le (la) rabaisser, l'humilier, le (la) détruire, pour avoir le sentiment d'avoir du pouvoir, donc une existence.

Le but d'un(e) pervers(e) narcissique est donc de se prouver qu'il (elle) existe, à travers l'impact de ses actions, bonnes ou mauvaises, sur les personnes qui ont le malheur de s'approcher de trop près et qui deviennent inévitablement ses victimes.

8) Pourquoi la victime d'un(e) pervers(e) narcissique met du temps à réaliser ce qui se passe dans cette relation ?

Au début de la relation, vous pensez avoir rencontré la personne que vous avez attendue toute votre vie, celle qui vous correspond à tous les niveaux. Vous avez les mêmes goûts, vous aimez faire la même chose. Il (elle) vous apporte exactement ce à quoi vous aspiriez dans la vie. Vous pensez vivre un conte de fées. Et puis un jour, arrivent la première remarque, puis un petit reproche sur votre façon de vous habiller ou sur votre façon de vous comporter. Vous n'en faites pas trop cas, tellement ébloui(e) par les moments des débuts.

Ensuite les paroles deviennent un peu plus blessantes, ce qui vous pousse à vous poser des questions. Mais vous trouvez des excuses à cette personne qui est devenue si proche : il (elle) est fatigué(e) ou alors c'est son tempérament, c'est une personne nerveuse, vous ne pouvez pas lui en vouloir !

De son côté, le (la) pervers(e) narcissique a une fâcheuse tendance à culpabiliser les autres : si la situation se dégrade, ce n'est pas sa faute c'est forcément la vôtre !

N'ayant le plus souvent pas trop confiance en vous, avec une tendance à vous remettre vite en question, vous prenez pour vous cette culpabilité et cherchez à améliorer la situation. Vous déployez une énergie phénoménale pour essayer de retrouver l'idylle des débuts de la relation, vainement.

Vous vous sentez de plus en plus mal, de plus en plus triste et épuisé(e)… jusqu'au reproche de trop qui fait en sorte que vous ne supportez plus la situation et décidez de vous en aller. Mais cela peut durer un sacré bout de temps !

A moins que ce soit le (la) pervers(e) narcissique qui se lasse de vous voir vous débattre à essayer de rétablir une situation qu'il (elle) ne souhaite pas voir s'améliorer ! Il (elle) vous quitte alors sans ménagement, comme un jouet cassé avec lequel il (elle) s'est bien amusé(e), vous laissant dans une totale incompréhension.

En prenant de la distance, vous finissez par réaliser que cette histoire n'avait rien de la magnifique idylle à laquelle vous avez tant cru et à laquelle vous vous êtes raccroché(e) pour tenir aussi longtemps,

9) Pourquoi l'entourage du (de la) pervers(e) narcissique ne réagit pas au moment de la rupture ?

Pour répondre à cette question, demandons-nous qui sont les personnes qui constituent l'entourage d'un(e) pervers(e) narcissique :

- en premier lieu il y a l'entourage proche c'est-à-dire : les enfants, le (la) conjoint(e) (si ce n'est pas la victime). Il est évident qu'en ce qui concerne les enfants, ils sont manipulés depuis leur plus tendre enfance. Au moment de la rupture, le (la) pervers(e) narcissique n'a donc aucun mal à trouver une version à leur donner, qu'ils auront intérêt à accepter sans sourciller sous peine de représailles, comme d'habitude !

- vous avez les frères et sœurs, la famille un petit peu plus éloignée : ceux-là sont plus ou moins au courant de ce qui s'est passé.

- ensuite, il y a les « ami(e)s » : le terme est entre des guillemets car un(e) pervers(e) narcissique n'établit jamais de véritables relations, empreintes de sincérité et d'authenticité. Ne sont ami(e)s avec un(e) pervers(e) narcissique que des personnes susceptibles de lui servir à atteindre un but précis !

Parmi ces ami(e)s, il y a plusieurs catégories :

- ceux que le (la) pervers(e) narcissique fréquente relativement peu, ou de manière très superficielle, qui ne sont pas trop au courant de la situation et n'ont donc aucun mal à gober la version que le (la) pervers(e) narcissique leur expose en fin de relation.

- ceux qui ont très bien compris qui est le personnage, mais qui ont tellement d'intérêts à rester aux alentours de cette personne qu'ils préfèrent fermer les yeux sur les comportements déplacés du/de la pervers(e) narcissique. Il faut dire que cette personne sait se montrer tellement généreuse, tellement serviable que s'opposer à elle peut signifier une perte de confort conséquente !

- ceux qu'on appelle « les singes volants » : ce sont les personnes à qui le (la) pervers(e) narcissique demande de faire le sale boulot à sa place : ce sont eux qui, après la rupture, vont harceler la victime, l'intimider, lui envoyer des messages, toujours dégradants évidemment ! Ils peuvent aussi l'appeler en l'insultant, en l'humiliant, ou simplement récolter des renseignements. En utilisant ses singes volants, le (la) pervers(e) narcissique garde les mains propres et ne risque pas d'être inquiété(e) en cas de plainte de la victime, et surtout se dédouane de tout : ce n'est pas lui (elle), le (la) méchant(e) !

Quand on connaît le caractère explosif, très colérique d'un(e) pervers(e) narcissique, on comprend que certains n'aient pas envie de s'opposer à cette personne pour prendre la défense de la victime : mieux vaut l'avoir de son côté que contre soi !

10) Comment et pourquoi les pervers(es) narcissiques parviennent à créer une telle dépendance chez leurs victimes ?

Lorsqu'un(e) pervers(e) narcissique établit une relation avec vous, la première chose à laquelle cette personne pense c'est à instaurer un lien indéfectible avec vous.

Pour ce faire, il (elle) vous encense, vous met littéralement sur un piédestal : vous êtes LA personne de sa vie, avec toutes les qualités requises.

Vous partagez tout avec cette personne et avez l'impression d'avoir trouvé votre âme sœur.

Dès que vous commencez à vous investir dans la relation, que vous prenez confiance, le (la) pervers(e) narcissique va vous remettre en insécurité en commençant les humiliations, les reproches, les dénigrements.

Persuadé(e) que vous pouvez retrouver la personne des débuts, les moments idylliques que vous avez vécus, vous vous mettez à accepter les premiers débordements qui, rapidement, se multiplient. Si jamais vous ne supportez pas et manifestez des envies de prendre vos distances, curieusement le (la) pervers(e) narcissique redevient charmant(e), adorable en tout point et vous pensez avoir retrouvé la personne des débuts.

Cette alternance entre les périodes que vous vivez comme géniales et les moments plus sombres où vous subissez reproches, humiliations, dénigrements en tous genres, est à l'origine de la dépendance que vous développez vis-à-vis de cette personne : l'illusion d'osmose totale créée de toute pièce en début de relation par le (la) pervers(e) narcissique vous incite à accepter toujours plus venant de cette personne, dans l'espoir de revivre les délices des débuts. Ces moments, que vous revivez parfois, mais moins intensément, et de façon plus brève, lorsque le (la) pervers(e) narcissique s'aperçoit que vous perdez votre enthousiasme envers votre relation. Et ceci est fait uniquement pour vous donner envie d'y croire à nouveau et replonger dans l'emprise !

Pourquoi cette personne fait-elle cela ? Parce que son objectif dans la vie est de se prouver son existence, matérialisée par le pouvoir qu'elle exerce sur vous. Générer des émotions chez vous, positives ou négatives, vous faire réagir, avoir le contrôle sur vous, le (la) rassure sur sa puissance, son pouvoir. C'est ainsi que cette personne prend conscience de son existence.

11)   Quelles sont les techniques de manipulation utilisées par les pervers(es) narcissiques ?

Pour vous manipuler dès le début de votre relation, le (la) pervers(e) narcissique vous entraine dans une période de grande séduction : après vous avoir finement analysé(e), cette personne veut marquer votre esprit. Il (elle) va donc chercher à satisfaire tous vos besoins, tous vos désirs et même davantage. De cette façon, il (elle) vous fait croire -mais ce n'est qu'une façade- qu'il (elle) est la personne que vous attendiez depuis toujours et qui saura le mieux vous combler.

Pour établir tranquillement son emprise, le (la) pervers(e) narcissique va tout faire pour vous isoler de votre famille, de vos amis :

- soit en les dénigrant à vos yeux : « Vous méritez bien mieux ! »

- soit, au contraire, en les séduisant pour se les mettre dans la poche : vous ne serez alors pas cru(e) lorsque par la suite, vous rencontrerez des difficultés avec le (la) pervers(e) narcissique.

Au fur et à mesure que la relation avance, arrivent progressivement des petites critiques, des reproches, l'air de rien.

Pour vous c'est la douche froide, mais vous passez outre, encore ébloui(e) par les débuts de votre relation.

Puis, sans prévenir, après une période de proximité intense, le (la) pervers(e) narcissique se montre ultra distant(e), sans que vous puissiez trouver une explication à cela. Ainsi vous pouvez passer de : « Je ne pourrai plus jamais vivre sans toi » à : « Ce n'est pas parce que je t'ai dit que j'avais besoin de toi qu'il faut t'imaginer des choses ! Je suis une personne libre, moi ! »

Répétées plusieurs fois, ce genre de réactions contradictoires vous plonge dans un profond désarroi, vous n'arrivez pas à savoir vraiment à quoi vous en tenir avec cette personne. La frustration est d'autant plus grande que vous avez cru au bombardement d'amour des débuts de la relation !

En l'absence d'explications plausibles à ce changement de situation, vous vous mettez à culpabiliser : « Qu'ai-je fait de mal ? Pourquoi ce changement d'attitude ? »
Vous vous demandez ce qui, chez vous, a pu provoquer un tel revirement à votre égard.

En réalité, vous n'êtes responsable de rien, le (la) pervers(e) narcissique est en train de jouer avec vos sentiments : il (elle) a besoin de tester son impact sur vous, c'est ainsi qu'il (elle) se sent exister.
Petit à petit, le (la) pervers(e) narcissique vous donne de moins en moins et vous dénigre de plus en plus malgré tous les efforts que vous faites pour le (la) satisfaire. C'est ainsi que s'instaure la dépendance.

De plus, en utilisant la triangulation, en vous comparant constamment à d'autres qui, selon ses dires, sont toujours mieux que vous, le (la) pervers(e) narcissique réussit à vous faire douter de vous et vous sentir de plus en plus mal. En conséquence, vous redoublez d'efforts pour lui plaire.

En revanche, s'il (elle) perçoit que vous baissez les bras et souhaitez quitter la relation, comme par magie, il (elle) redevient la personne idyllique qui vous avait tant plue. Mais ce n'est qu'une stratégie pour vous attirer de nouveau dans ses filets !

Il (elle) peut aussi vous traumatiser en orchestrant une pseudo-rupture calculée pour provoquer chez vous un choc qui lui permettra de resserrer son emprise.

Toutes ces manœuvres provoquent chez vous un ascenseur émotionnel qui vous épuise et vous rend totalement à la merci du (de la) pervers(e) narcissique. Et ce d'autant plus s'il (elle) a réussi à faire le vide autour de vous. Vous perdez alors tous vos repères.

L'épuisement est la conséquence du harcèlement permanent du (de la) pervers(e) narcissique à propos de tout ce que vous faites : cette personne veut s'assurer que vous êtes à sa disposition à chaque instant. Déclencher des disputes sans fondement, juste histoire de vous pomper un peu plus d'énergie, est également une source de grand amusement pour les pervers(es) narcissiques.

Quand finalement, vous êtes excédé(e) et que vous essayez de vous opposer à lui (à elle), le (la) pervers(e) narcissique retourne la situation et vous reproche tout ce que Vous avez subi !

12)   Qu'est-ce que l'identification projective ?

L'identification projective est un mécanisme de défense utilisé par les pervers(es) narcissiques entre autres. Elle permet d'inverser les rôles dans la relation.

Comment cela fonctionne-t-il ?

Un(e) pervers(e) narcissique est une personne non construite intérieurement qui ne vit que dans l'apparence. Sa préoccupation principale dans la vie est de montrer au monde une image puissante et irréprochable de lui (d'elle).

Lorsque vous le (la) rencontrez, c'est votre vitalité, vos ressources intérieures qui l'intéressent, et non pas vous en tant qu'individu. En début de relation, vous constatez un véritable engouement pour votre personne. Le (la) pervers(e) narcissique fait tout pour instaurer très rapidement une relation fusionnelle avec vous.

Alors que vous pensez avoir trouvé votre âme sœur, le (la) pervers(e) narcissique voit en vous le moyen de redorer son image. En établissant une relation fusionnelle, vous devenez en quelque sorte un prolongement de lui (d'elle), ce qui lui donne l'impression de s'approprier votre intériorité, tout ce qu'il (elle) admire chez vous. En bref, il (elle) s'identifie à vous.

Là où se pose un problème, c'est que dans son délire de toute puissance, de personne au-dessus du lot, il n'y a pas de place pour deux ! Très vite donc, tout est fait pour gommer votre présence en tant qu'individu distinct, vous devenez son objet qu'il (elle) peut utiliser à sa guise, et un rapport dominant(e)/dominé(e) se met en place.

Dès lors, la moindre remarque que vous vous autoriseriez à lui adresser remet en cause son image de perfection imaginée. Il est donc absolument inenvisageable pour un(e) pervers(e) narcissique d'admettre qu'il (elle) puisse être imparfait(e) ou responsable de quoi que ce soit dans ce qui cloche dans la relation. Plus grave même, cette personne finit par vous accabler, vous faire endosser tous les torts.

Un(e) pervers(e) narcissique, pour garder son image de personne parfaite, a besoin d'exporter tout ce qu'il y a de mauvais en lui (elle) et la fusion établie avec vous est le moyen idéal de le faire : vous devenez sa poubelle psychique !

En vous accusant de ses propres travers, cette personne vous fait devenir la partie sombre du duo et son image de personne parfaite est préservée.

C'est ça l'identification projective.

13) Quelles sont les phrases récurrentes des pervers(es) narcissiques ?

Lorsqu'on se penche sur les relations des pervers(es) narcissiques, force est de constater que leur pattern est très souvent similaire. Les termes mêmes employés par ces personnes toxiques se ressemblent à s'y méprendre.

Voici le genre de phrases que vous êtes susceptible d'entendre si vous êtes en relation avec un(e) pervers(e) narcissique :

En début de relation, vous êtes littéralement mis(e) sur un piédestal, c'est la période dite de lune de miel pendant laquelle vous êtes inondé(e) de messages, d'appels téléphoniques et vous avez droit à des phrases du type :

« Je n'ai jamais ressenti cela avec personne d'autre avant »

« Je t'aime » très tôt dans la relation. Beaucoup trop tôt d'ailleurs ! ou encore :

« Toi et moi c'est pour toujours ».

« Ne doute jamais que je t'aimerai toujours ».

Ça peut être aussi :

« Tu me combles tellement que je ne sais pas comment te remercier » ou alors

« Tu es une personne extraordinaire, tout ce que tu entreprends est parfait »

Parallèlement à cela, le (la) pervers(e) narcissique tente de vous isoler de votre famille, de vos amis, en les dénigrant à vos yeux. Vous pouvez alors entendre :

« Tu mérites bien mieux qu'eux, tu n'es pas du même milieu » ou alors :
« Ta famille ne réalise pas tout ce que tu fais pour elle. Elle ne voit pas
ta valeur comme moi je la vois »

Puis, si vous êtes témoin de la façon peu sympathique qu'a le
(la) pervers(e) narcissique de se comporter avec d'autres personnes et
que vous le lui faites remarquer, sa réponse est toute trouvée :
« Non mais avec toi ce n'est pas pareil, je t'aime tellement, tu es
tellement mieux, toi ! »

Ce que vous ne savez pas à ce moment-là, c'est qu'en fait vous
êtes mis(e) en triangulation avec une autre personne qui occupait la
même place que vous juste avant, et qui est désormais dans la période
de dévalorisation, voire dans la période de rejet du cycle du (de la)
pervers(e) narcissique.

Au bout d'un certain temps, le (la) pervers(e) narcissique se
rend compte de son incapacité à devenir comme vous, ou, plus
simplement, se lasse de votre relation. Vous devenez alors, selon ses
dires, la pire personne qui soit, même si vous n'avez absolument rien
changé à votre comportement. C'est alors que vous pouvez entendre :
« Mais qu'est-ce que tu peux être susceptible ! »
« Tu es jaloux(se) »
« Je t'aimais sincèrement moi mais je doute de ta sincérité ! »
Souvent aussi ce qui revient c'est :
À cause de toi je n'ai pas pu faire ceci ou cela »
« C'est ta faute ! »
Parfois aussi cela peut aller très loin :
« Ce n'est pas ma faute si je t'ai dominé(e) c'est toi qui t'es soumis(e) »

« Tu étais trop dépendant(e) de moi et ça, ça fait peur ! » Ou, encore mieux :

Tout ce que tu as fait pour moi, en fait, c'est pour toi que tu le faisais car tu étais trop dépendant(e) de moi. »

Enfin, si le (la) pervers(e) narcissique s'est plus ou moins rendu(e) compte que vous l'avez démasqué(e) et donc que vous devenez un danger pour sa réputation, il (elle) peut vous dire soudainement, en vous rejetant :

« Tu n'as pas à contacter mes proches » (vous n'en faites plus partie désormais !)

« Ton comportement relève de la psychopathie » si vous essayez de reprendre contact pour comprendre. On constate clairement la projection en fin de relation car tout ce qui vous est reproché finalement correspond aux griefs que VOUS pourriez lui faire au regard de ce qui s'est passé.

Le meilleur conseil qui puisse vous être donné dans cette situation, c'est de ne jamais tenir compte de ce que dit un(e) pervers(e) narcissique, surtout en fin de relation. Observer plutôt comment il (elle) agit est bien plus révélateur.

14) Quelles croyances entrainent et maintiennent la victime sous emprise ?

Si vous tombez sous l'emprise d'un(e) pervers(e) narcissique, c'est que vous êtes quelqu'un qui a un fort besoin d'être reconnu(e), ou d'être aimé(e). Ceci sans doute parce que dans votre parcours, vous n'avez pas reçu suffisamment d'amour ou d'attention, ou peut-être est-ce le sentiment que vous en avez. De par votre histoire, vous vous êtes donc imaginé que vous étiez le vilain petit canard de la famille ou bien que vous n'aviez pas tellement de valeur.

C'est pour cela que lorsque vous rencontrez le (la) pervers(e) narcissique qui vous encense et vous met sur un piédestal, vous tombez dans le piège. Cette personne qui vous jette constamment des fleurs, adore tout ce que vous faites et tout ce que vous êtes, vous transporte sur un petit nuage.

Bien que vous trouviez ça inhabituel, vous vous laissez porter, tout paraît tellement vrai ! Vous êtes convaincu(e) d'avoir rencontré votre âme sœur, si bien que vous vous confiez comme jamais à cette personne qui semble si bien vous correspondre.

Malheureusement, le (la) pervers(e) narcissique va s'appuyer sur ces confidences pour asseoir son emprise. Une fois que vous êtes attaché(e) profondément à cette personne, les choses se gâtent. Ne pouvant imaginer que les premières semaines, les premiers mois que vous avez vécus n'étaient pas authentiques du côté de la personne en face, vous vous interrogez sur ce que vous avez pu faire pour que la situation se dégrade.

Ainsi, face à un comportement inapproprié de votre partenaire ou de votre ami(e), vous lui trouvez des excuses car cela détonne tellement avec la personne que vous avez côtoyée jusque-là. Vous pensez qu'avec beaucoup de patience, de discussion et d'amour vous arriverez à rétablir la situation du début. Mais ça c'est parce que vous ne savez pas qui est véritablement votre partenaire ou votre ami(e) !

Le (la) pervers(e) narcissique se met alors à vous en demander toujours plus. Les reproches se multiplient, ce qui vous fait vous sentir de plus en plus médiocre. En vous rabaissant de la sorte, le (la) pervers(e) narcissique a le sentiment d'être supérieur(e) à vous et ne se gêne pas pour vous le faire savoir d'ailleurs !

Vous finissez par être convaincu(e) que vous ne valez absolument rien sans cette personne qui a su tant vous apporter en début de relation (du moins c'est ce que vous croyez). Le (la) pervers(e) narcissique vous rappelle d'ailleurs assez souvent tout ce qui a été fait pour vous ! Vous en arrivez donc à penser que votre bonheur vous ne le trouverez qu'avec lui (elle) et personne d'autre, alors vous faites tout pour essayer de contenter votre partenaire, ou votre ami(e), en craignant chaque jour un peu plus ses sauts d'humeur, ses crises de colère.

Vous glissez ainsi tout doucement dans la peur et la soumission totale. Vous croyez, à tort, qu'en agissant selon tous ses désirs, la situation redeviendra comme avant. Vous vous accrochez aux fausses promesses du (de la) pervers(e) narcissique qui ne seront malheureusement jamais honorées.

Si vous retracez cette histoire en vous référant uniquement aux faits et non pas ce que vous avez pu ressentir, vous vous rendez compte alors que vous avez idéalisé cette personne parce que vous étiez manipulé(e) : le (la) pervers(e) narcissique n'est absolument pas tel(le) que vous le (la) voyiez et n'a pas plus de pouvoir que quiconque non plus !

Et le plus important à comprendre, c'est que ce n'est pas vous qui avez besoin de cette personne mais bel et bien le (la) pervers(e) narcissique qui ne peut survivre sans victime.

La relation toxique que vous vivez ou avez vécue ne fait que vous montrer toutes les richesses, toutes les capacités que vous avez et dont vous ignorez peut-être l'existence. En réalisant cela, vous prenez conscience de votre valeur, valeur que le (la) pervers(e) narcissique avait vue tout de suite. Cette valeur qu'il (elle) vous envie tant et a tenté ou tente encore de détruire.

15) Quels sont les pièges qui enferment la victime dans l'emprise d'un(e) pervers(e) narcissique ?

Cette question est en lien étroit avec la précédente, mais apporte quelques suppléments d'informations.

La première chose qui permet de comprendre pourquoi vous n'arrivez pas à quitter cette relation qui vous fait pourtant beaucoup de mal, c'est que le (la) pervers(e) narcissique a très bien su vous faire croire à une relation exceptionnelle entre vous, alors qu'en réalité, il ne s'agit même pas d'une relation puisqu'aucune réciprocité n'existe. Cette personne ne sait que prendre mais est incapable de donner quoi que ce soit. Mais comment est-elle arrivée à ses fins ? En vous questionnant en début de relation afin de déterminer ce dont vous aviez cruellement besoin dans votre vie. Ensuite cet individu, homme ou femme, rappelons-le toujours, vous a ensuite projeté une sorte d'hologramme du personnage parfait dont vous rêviez pour vous » appâter ». Mais cette personne n'est en réalité qu'un être vide de tout qui a besoin des autres pour se remplir de leur intériorité.

La deuxième chose qui peut vous enfermer dans cette pseudo relation vient de vous : votre nature très empathique vous a permis de détecter que, derrière tous les masques que peut endosser le (la) pervers(e) narcissique, se cache un être blessé, qui de surcroit a peut-être la même blessure que la vôtre (abandon, trahison…). Vous vous sentez alors tellement proche de cette personne, que vous pensez pouvoir lui venir en aide, tout en comblant votre faille à vous…et vous vous perdez dans cette relation ! Tout simplement parce que la personne que vous avez en face, même si elle a la même blessure, fonctionne à l'opposé de vous : tandis que vous êtes disposé(e) à tout donner pour faire fonctionner cette relation, le (la) pervers(e) narcissique se contrefiche de vos besoins et se contente de prendre tout ce qui l'intéresse venant de vous.

Tant que vous êtes convaincu(e) que vous avez été vraiment aimé(e) un jour ou que vous pouvez aider cette personne, vous êtes susceptible de rester sous son emprise. Il faut passer par le stade très douloureux de la sortie du déni pour pouvoir vous dégager et reprendre les rênes de votre vie.

16) Le (la) pervers(e) narcissique parvient-il (elle) à s'approprier les qualités de sa victime ?

Lorsqu'un(e) pervers(e) narcissique vous aborde, c'est pour vos qualités : votre générosité, votre bonté, votre empathie, mais aussi votre capacité à vous émerveiller, à aimer les autres. Il (elle) vous admire et aimerait vous ressembler, être comme vous, ou plutôt être vous dans son esprit malade. C'est pour ça qu'il (elle) cherche à établir une relation qui se veut aussi fusionnelle. Pour y arriver, il (elle) se calque à vous, vous encense et prétend avoir énormément de points communs avec vous. Les étoiles dans vos yeux quand vous le (la) regardez lui donnent le sentiment d'exister, d'être important(e). De votre côté, tout vous paraît tellement merveilleux !

Au bout d'un moment, la magie des débuts laisse place à des sentiments plus profonds chez vous. Dans le même temps, vous découvrez mutuellement vos imperfections, ce qui ne vous dérange pas, vous. Mais chez votre partenaire, ou votre ami(e), ça se passe tout autrement : non seulement vos imperfections ne sont pas acceptables mais se rendre compte que vous ne l'idolâtrez plus lui est intolérable.

Et puis maintenant, avec vos sentiments, vous l'agacez, parce que, inconsciemment, vous lui montrez ce dont vous êtes capable et ce que cette personne n'arrive pas à ressentir ! La blessure est alors trop grande, vous devez disparaître ! Ou du moins, briller un peu moins, pour éviter de lui faire de l'ombre.

Vous comprenez donc bien qu'un(e) pervers(e) narcissique ne parvient jamais à s'approprier les qualités de sa cible. Et devant son constat d'échec, il (elle) se donne pour mission de vous dévitaliser, de vous dépersonnaliser pour garder son illusion de toute puissance. C'est là alors que s'enclenche votre descente aux enfers : le (la) pervers(e) narcissique va désormais tout faire pour provoquer chez vous toutes les émotions négatives qui l'habitent, pour pouvoir vous le reprocher ensuite ! Il (elle) vous fait vivre ses propres conflits internes, par le mécanisme d'identification projective que l'on a déjà vu.

Malgré ce que vous pensez à la fin de la relation, vos qualités, vous les avez toujours, et vous les retrouverez, ainsi que la sérénité, sitôt que vous serez parvenu(e) à couper le lien toxique qui existe entre vous deux.

17) Le (la) pervers(e) narcissique se sent-il (elle) mieux au contact de ses victimes ?

La réponse à cette question va peut-être vous surprendre : oui en apparence, mais non en réalité ! Expliquons : lors de la phase de lune de miel, en début de relation, vous êtes ébloui(e) par les manœuvres de séduction de cette personne. Vous ressentez des émotions extrêmement fortes et très positives. Votre partenaire, ou votre ami(e), se sachant à l'origine de ce bonheur, se sent rempli(e) par toutes vos émotions. C'est comme s'il y avait des vases communicants entre vous, d'autant plus que généralement le (la) pervers(e) narcissique s'arrange pour vous « coller » très rapidement dans la relation. Vous finissez par ne vivre plus qu'à travers lui (elle).

Avec le temps qui passe, l'excitation de la nouveauté laisse place à des sentiments beaucoup plus profonds chez vous, mais pas chez votre partenaire ou votre ami(e) chez qui l'engouement s'amenuise et lui donne envie de retrouver l'exaltation ailleurs ! A ce moment précis, de votre côté, vous ressentez ce déficit d'intérêt soudain, alors vous déployez d'énormes efforts pour retrouver la magie des débuts.

C'est là que vous signez la fin de votre belle histoire : en effet, en souhaitant lui témoigner tout votre amour, votre attachement profond, vous montrez à cette personne toute votre intériorité, toutes les qualités de cœur que vous avez et que cette personne n'a pas pu développer et n'aura jamais ! Cette situation est insupportable pour le (la) pervers(e) narcissique qui se veut supérieur(e) aux autres, conformément à l'image de personne parfaite qu'il (elle) se plaît à afficher à tout le monde. Une fois de plus, il (elle) fait le constat de ne pas pouvoir devenir comme vous et vous en veut pour ça. Débute alors la descente aux enfers pour vous.

Contrairement à vous, rien ne s'ancre jamais chez votre partenaire ou votre ami(e) toxique. C'est d'ailleurs pour ça qu'il (elle) peut si facilement tourner les talons, sans aucun état d'âme, une fois que votre relation ne lui est plus utile.

De même, si vous avez l'occasion de croiser cette personne après votre rupture, vous serez époustouflé(e) de constater à quel point cette personne est différente de ce qu'elle était avec vous depuis qu'elle est avec sa nouvelle proie. Ceci car les pervers(es) narcissiques sont comme des caméléons, ils (elles) adaptent leurs goûts, leurs envies à leurs proies, ce qui témoigne que jamais rien ne s'inscrit à l'intérieur de ce genre de personnes.

Pour un(e) pervers(e) narcissique, vous n'avez de l'intérêt que lorsque vous lui permettez de se sentir supérieur(e), meilleur(e) que tout le monde. Sitôt que vous ne remplissez plus ce rôle, qui que vous soyez, pour vous c'est terminé.

Mais cet échec ne doit en aucun cas remettre en question votre valeur à vous ! Vous vous étiez juste adressé(e) à une personne qui est incapable d'établir de réelles connexions avec les autres.
Et tant que le (la) pervers(e) narcissique trouvera des personnes à manipuler, il (elle) continuera son cycle infernal et ne pourra pas faire les démarches pour aller réellement mieux.

Dites-vous qu'en quittant cette personne, vous lui rendez service finalement puisque vous ne validez plus son fonctionnement pathologique.

57

18) Lorsqu'un(e) pervers(e) narcissique dit « Je t'aime », qu'est-ce que cela signifie ?

Lorsque vous rencontrez un(e) pervers(e) narcissique, tout va très vite. Vous êtes comme emporté(e) dans un tourbillon d'émotions. Vous avez droit le plus souvent à d'innombrables compliments, des cadeaux en tous genres. Vous avez l'impression de vivre un conte de fées. Très rapidement cette personne vous fait de très grandes déclarations et le « Je t'aime » fait partie des nombreuses stratégies utilisées pour vous hameçonner, vous faire croire à une relation hors du commun. Mais qu'en est-il en fait ? Que signifie pour votre partenaire, votre ami(e) ce terme qui revient si souvent et qui vous chamboule à chaque fois ?

Quand on connaît les pervers(es) narcissiques, on sait que ce sont des personnes qui ont une très faible estime d'eux-mêmes, contrairement à ce qu'ils (elles) veulent vous faire croire. Quand cette personne toxique dit qu'elle vous aime, c'est l'attention que vous lui portez qu'elle aime en réalité, pas vous !

Il (elle) fait tout en début de relation pour que vous lui vouiez une admiration sans borne. Ainsi, au fur et à mesure que la relation avance, tout finit par tourner autour de lui (d'elle) finalement : tout ce que vous souhaitez, c'est faire tout votre possible pour plaire à cette personne qui vous a tant apporté en début de relation. Mais si vous prenez un petit peu de recul sur la situation, vous vous rendez compte que vous n'êtes là que pour renflouer son égo, rien d'autre ! Votre personnalité, votre singularité n'est pas prise en compte.

D'ailleurs, si vous analysez un peu la relation, vous vous apercevez que vous vous sentez tout le temps interchangeable avec les autres personnes de l'entourage du (de la) pervers(e) narcissique, une fois le love bombing terminé.

Pendant toute votre relation, cette personne s'amuse avec vos émotions : ainsi il (elle) vous couvre de cadeaux, vous encense sans arrêt pour vous voir vous extasier grâce à lui (elle) et puis l'instant d'après vous sort une remarque totalement déplacée, toujours blessante pour vous faire changer totalement d'état d'esprit. Et dès que vous vous sentez au plus mal, le « Je t'aime » est utilisé pour vous « repêcher », c'est à dire vous remettre dans de bonnes dispositions.

Tant que vous n'avez pas compris que cette alternance de chauds et de froids est faite pour vous rendre dépendant(e) de cette personne, vous allez tout tenter pour rétablir une situation plus agréable pour vous. Vous allez tout essayer pour avoir droit de nouveau aux merveilleuses attentions que vous avez connues au début de la relation.

Pendant que vous vous débattez ainsi, le (la) pervers(e) narcissique peut vous adresser un « Je t'aime » qui signifie « J'aime le pouvoir que j'ai sur toi ! »

Vous êtes comme un pantin désarticulé qu'il (elle) s'amuse à déstabiliser.

En fin de compte quand un(e) pervers(e) narcissique vous dit « je t'aime », il faut entendre

« Je m'aime à travers l'image que tu me renvoies de moi ». Vous n'entrez pas en ligne de compte !

C'est d'ailleurs pour cela que lorsque vous êtes épuisé(e) et que vous ne lui fournissez plus ce qui l'intéresse chez vous, la dévalorisation menant au rejet se déclenche.

Là où c'est dramatique, c'est lorsque vous êtes l'enfant d'un(e) pervers(e) narcissique. En effet, du fait de votre position d'enfant, vous aimez votre parent et vous avez besoin de lui (d'elle) pour vous construire. Vous allez donc tout faire pour vous conformer à ce qu'il (elle) attend de vous pour espérer obtenir ce « Je t'aime » dont vous avez cruellement besoin.

Malheureusement, avec un(e) pervers(e) narcissique, l'amour pour son enfant, c'est comme pour les autres, c'est conditionnel.

19) La personne perverse narcissique déteste-t-elle sa victime, finalement ?

Si l'on part du principe qu'un(e) pervers(e) narcissique n'a pas accès à l'altérité, je serai tentée de répondre : Non ! C'est pire que ça en fait !

Quand vous êtes choisi(e) comme cible, c'est parce que vous représentez un approvisionnement narcissique. Encore une fois, qui vous êtes n'a aucune importance, ce qui importe c'est ce que vous êtes susceptible d'apporter à cette personne. C'est pour ça que toute personne qui côtoie de manière assez proche un(e) pervers(e)narcissique se sent et est effectivement interchangeable puisque remplacée sitôt que les apports qu'elle fournit ne sont plus suffisants. Votre partenaire, votre ami(e) se narcissise à votre contact : vous êtes son trophée, vous le (la) faites briller en étant à ses côtés. Du moins ce sont les pensées qui l'habitent !

Avec toutes ses manœuvres de séduction, il (elle) réussit à vous attacher à lui (elle) en début de relation. Cette fusion que vous ressentez est mise en place pour que cette personne, tout comme vous, aie le sentiment que vous ne faites plus qu'un. Mais dans son cas, c'est juste pour s'attribuer vos qualités, vous n'entrez jamais en ligne de compte en tant qu'individu. Vous n'êtes là que pour lui renvoyer une belle image de sa personne, pour graviter autour de cet être qui ne se connaît aucune existence autrement. Et attention : en tout bon objet que vous êtes, vous devez redorer son image mais en aucun cas être davantage remarqué(e) ! Si vous lui faites de l'ombre, vous allez devoir disparaître et là, oui, vous percevez une réelle hostilité venant de cette personne. En bref, sitôt que vous ne remplissez plus correctement votre fonction d'approvisionnement narcissique, vous êtes, soit mis(e) de côté, remplacé(e), voire jeté(e) suivant ce qui peut encore être retiré de vous. Comme un objet !

Avec un(e) pervers(e) narcissique il n'existe pas d'amour, pas d'amitié, mais pas de haine non plus car tous ces sentiments nécessitent de prendre en compte l'existence d'un(e) autre en face.

Les seules manifestations d'un(e) pervers(e) narcissique sont plutôt du registre de l'envie, de caprices lorsqu'un « jouet » est en ligne de mire, puis de la jouissance lorsqu'il (elle) l'obtient et enfin de la colère, de la frustration lorsque l'objet, vous, ne réagit plus comme il (elle) le souhaite. C'est pour ça qu'il (elle) finit par vous briser puis vous abandonner sans ménagement.

La personne que vous avez en face n'est en fait qu'un enfant coincé dans un corps d'adulte qui, malheureusement, utilise des moyens d'adultes pour obtenir ce qu'il (elle) veut, d'où sa grande dangerosité !

20) Est-ce dangereux d'être ami(e) avec un(e) pervers(e) narcissique ?

Avant de répondre à cette question, il est important de rappeler que pour un(e) pervers(e) narcissique l'autre n'a qu'une valeur utilitaire. Il n'existe donc pas de réelle amitié avec ce genre de personnes. Il existe deux cas de figures :

1- Vous faites partie de sa cour d'admirateurs qu'il (elle) maintient suffisamment à distance pour conserver son image de personne parfaite, bien sous tous rapports, généreuse, charmante, adorable en somme !

Dans ce clan, chacun a son rôle : certains sont là pour le (la) divertir, d'autres peuvent lui servir d'alibi pour ses infidélités par exemple. Lorsque vous faites partie de cette catégorie « d'ami(e)s », vous passez de très bons moments avec le (la) pervers(e) narcissique car cette personne sait se montrer tellement amusante, tellement charmante que c'est vraiment très agréable d'être avec elle !

Un petit bémol quand même : cette personne doit absolument être le centre de l'attention !

Très souvent les relations « amicales » d'un(e) pervers(e) narcissique sont cloisonnées : chaque « ami(e) » est vu(e) seul(e), séparément. Cela lui permet de modifier sa version des faits suivant son interlocuteur : pratique quand on cherche à monter les gens les uns contre les autres !

Cette cour d'admirateurs, ce sont ceux que le (la) pervers(e) narcissique utilise au moment de la rupture avec sa victime pour prouver à cette dernière que c'est elle qui dysfonctionne, puisqu'elle est isolée ! Le (la) pervers(e) narcissique n'a pas de problème puisqu'il (elle) est toujours entouré(e).

Mais si on réfléchit bien, si la victime se retrouve seule à la fin de la relation, c'est que le (la) pervers(e) narcissique a tout mis en œuvre pour cela !

2- Le deuxième cas de figure c'est lorsqu'en tant « qu'ami(e) », vous avez été choisi(e) comme cible par la personne toxique.

Dans ce cas précis, les choses sont bien différentes : tout d'abord, si vous avez été choisi(e), c'est que vous avez certainement des qualités, un savoir-faire, un prestige que le (la) pervers(e) narcissique veut s'approprier. Il (elle) fait alors preuve d'un énorme engouement envers votre personne : vous êtes inondé(e) de messages, d'appels téléphoniques vous encensant en permanence. Il (elle) passe son temps à vous dire que personne d'autre avant vous n'a eu autant d'importance à ses yeux. Tout cela prend de telles proportions que vous finissez par être isolé(e) de votre famille, de vos autres amis. Vous vous retrouvez dans une relation totalement exclusive avec le (la) pervers(e) narcissique. Et c'est exactement l'effet escompté par cette personne ! En dénigrant votre entourage, il (elle) espère vous avoir à sa merci pour démarrer tous les mécanismes de l'emprise.

Cette personne occupe très vite tout votre temps, tous les domaines de votre vie et va bientôt être présent(e) dans votre esprit en permanence. Profondément attaché(e) à elle, vous en acceptez toujours plus de sa part, au nom de cette incroyable amitié que vous pensez connaître.

Finalement, vous vous retrouvez exactement dans la même situation que si vous étiez en couple avec le (la) pervers(e) narcissique. Et vous avez droit aux mêmes types de traitements : dénigrements, humiliations, triangulation, rejet…

J'ai abordé le thème de l'emprise dans le domaine amical dans mon précédent ouvrage qui est également disponible sur Amazon, intitulé « C'est Moi ta famille ! »

21) Pourquoi une personne perverse narcissique a besoin de rabaisser ses victimes ?

Si vous avez connu ou êtes encore dans une relation d'emprise avec un(e) pervers(e) narcissique, vous êtes passé(e) du conte de fées au cauchemar sans comprendre ce qui a pu provoquer ce revirement de situation. Vous qui pensiez avoir trouvé la personne avec qui l'alchimie était parfaite, vous vous retrouvez à vous sentir coupable de tout ce qui cloche dans la relation.

Vous êtes passé(e) d'une période où vous vous sentiez pousser des ailes à une autre ou apparemment tout ce que vous pouvez faire ne convient jamais à votre partenaire, votre ami(e) ou votre collègue de travail.

Alors rassurez-vous ! Si vous êtes face à un(e) pervers(e) narcissique, son brutal changement de comportement n'a rien à voir avec vous ! Tout simplement parce que contrairement à ce que vous avez pu croire depuis le début, il n'y a jamais eu de réelle connivence avec cette personne. Celle-ci n'a fait que faire semblant d'aimer les mêmes choses que vous, de faire tout comme vous pour vous harponner et vous lier à elle, afin d'avoir la possibilité de vous rabaisser par la suite sans que vous ne preniez la fuite au premier dénigrement. Pourquoi cette personne fait-elle ça ?

Parce que contrairement aux apparences, un(e) pervers(e) narcissique ne s'aime pas et ne se trouve aucune valeur. Il s'agit de quelqu'un qui se sent extrêmement vide à l'intérieur, du fait d'un défaut de construction de sa personnalité durant l'enfance. Pour combler ce vide et se donner de la consistance, il (elle) a sans cesse besoin de s'entourer de personnes comme vous, bien vivantes, avec de belles émotions.

En établissant une relation fusionnelle avec vous, le (la) pervers(e) narcissique espère se remplir de vos émotions et ainsi combler ce vide qui l'habite en permanence. Malheureusement, au bout d'un moment, il (elle) sent bien que c'est impossible.

D'un seul coup alors, vous devenez un danger pour lui (elle) car avec votre personnalité bien entière, vous remettez en cause son image de personne au-dessus du lot à laquelle il (elle) s'efforce de croire. C'est pour cela que tout bascule : votre partenaire, votre ami(e) votre collègue se met à vous dévaloriser et ce, à la hauteur de ce qu'il (elle) a pu vous admirer lors de votre rencontre. En vous rabaissant, il (elle) pense se redonner une valeur. Et plus son impact sur vous est important, plus cette personne mesure sa puissance et se sent vivante.

Rien de ce que vous pouvez tenter pour améliorer la situation ne peut changer les choses, bien au contraire. Plus vous en faites, plus vous montrez vos capacités intérieures et plus vous renvoyez le (la) pervers(e) narcissique à ses propres manquements.

Une relation de proximité avec ce genre de personne est donc forcément synonyme d'anéantissement pour la victime.

22) Une personne perverse narcissique peut-elle être sincère ?

Très souvent, lorsque vous sortez d'une relation d'emprise avec un(e) pervers(e) narcissique, vous vous demandez si la personne que vous avez connue et avec qui cela n'a pas marché peut avoir une vraie relation avec quelqu'un d'autre.

Pour répondre, rappelons que ce genre de profil souffre d'un trouble de la personnalité. Pour un(e) pervers(e) narcissique, la manipulation c'est sa façon de fonctionner. L'autre n'existe pas en tant que personne mais est seulement considéré comme un ravitaillement narcissique pour son ego éternellement en besoin de reconnaissance. Le (la) pervers(e) narcissique ne sait donc pas vraiment ce qu'est le sentiment pour l'autre.

Pour employer une image : vous ne représentez qu'un jerrican d'énergie et de qualités dont il (elle) elle peut disposer. Dès que votre partenaire ou votre ami(e) a vidé ce jerrycan, il (elle) s'en va, sans sourciller, à la recherche d'un nouveau ravitaillement.

Quand cette personne vous témoigne de l'intérêt et que vous avez l'impression qu'elle est sincère, c'est vous qui mettez des sentiments chez cette personne, mais elle, elle ne les ressent pas.
Vous vous imaginez avoir en face de vous une personne comme vous, mais ce n'est absolument pas le cas !

Les pervers(es) narcissiques sont comme enfermé(e)s dans une bulle où l'accès aux autres n'est pas possible si ce n'est à travers une pompe à énergie qui vous harponne, vous vide et se détache quand c'est fini…

Ces personnes-là évoluent dans un monde froid et sans saveur et aimeraient ressentir comme vous et moi mais ils ne le peuvent pas. Alors elles se sont positionnées en dominant les autres.

La personne qui vous succède ou vous succèdera à ses côtés connaîtra donc exactement la même expérience que vous, sans plus de sincérité concernant les sentiments, soyez-en convaincu(e).

23) La victime peut-elle, elle aussi, faire souffrir le (la) pervers(e) narcissique ?

Lorsque vous vivez une relation avec un(e) pervers(e) narcissique, une fois passée la lune de miel, c'est la descente aux enfers plus ou moins rapide pour vous.

Très souvent vous avez du mal à partir, à quitter cette relation qui vous fait pourtant tellement de mal. Ceci parce que quand vous êtes très proche de ce genre de personnes, vous touchez du doigt sa blessure profonde qu'il (elle) s'efforce de masquer à tout prix. La blessure du (de la) pervers(e) narcissique est d'ailleurs parfois très semblable à la vôtre. Vous pensez donc que cette personne a terriblement besoin de vous tout comme vous êtes convaincu(e), à tort, de ne plus pouvoir vivre sans elle. Vous perdez alors beaucoup de temps avant de vous autoriser à la quitter pour de bon.

Ce que vous devez comprendre c'est que le (la) pervers(e) narcissique souffre autant à cause de vous que vous lorsque vous cassez un objet auquel vous teniez !

En effet, lorsqu'on quitte un(e) pervers(e) narcissique ou que l'on n'agit plus selon ses désirs, cette personne souffre peut-être, mais pas du tout dans le sens où nous on l'entend ! C'est plutôt de la colère, de la frustration qui est éprouvée. Vous en avez d'ailleurs la preuve lorsqu'il (elle) vous harcèle, ou vous envoie ses singes volants pour vous déstabiliser. Vous ne répondez plus à ses exigences comme vous devriez en bon objet que vous êtes, et ça, ça lui est intolérable ! Rien de comparable avec ce que vous vivez, vous !

24) Les victimes de pervers(es) narcissiques sont-elles, inconsciemment, consentantes ?

Généralement, lors de votre rencontre, vous ne connaissez pas ce genre de profil. Vous ne pouvez donc pas vous imaginer que derrière de si belles manœuvres de séduction, de si touchantes attentions, se cache une personne qui est totalement différente de vous. Vous ne pouvez donc que succomber à ce rêve éveillé qui vous est présenté en début de relation. Mais là où vous avez une « responsabilité » dans cette histoire, c'est lorsque les choses se dégradent, lorsque votre partenaire, ou votre ami(e), fait preuve d'un manque de respect de plus en plus évident à votre égard et que vous ne réagissez pas.

Votre trop grande générosité de cœur et votre largesse d'esprit vous incitent à excuser, à laisser cette personne aller toujours plus loin. Vous l'autorisez à franchir toujours plus vos limites ! Tout cela dans l'espoir de remettre la relation sur les rails. Malheureusement, vous finissez par découvrir que la personne que vous avez en face n'a jamais eu les mêmes objectifs que vous en vous abordant.

D'ailleurs, si en fin de relation, vous essayez de la confronter en lui expliquant tous les efforts que vous avez pu fournir pour sauver la relation, elle peut tout à fait vous répondre : « Mais je ne t'ai rien demandé, c'est toi qui as voulu faire tout ça pour moi ! » ou encore « Pourquoi n'es-tu pas parti(e) si j'étais si insupportable ? »
Si vous regardez en arrière, malheureusement ces paroles sont vraies : vous êtes resté(e) et vous avez supporté l'inacceptable.

Bien évidemment si vous avez tant cédé à tous ses « caprices », c'est parce que vous pensiez que les choses s'arrangeraient, étant donné le bombardement d'amour que vous aviez vécu en début de relation. Mais aussi parce que, comme toutes les cibles de pervers(es) narcissiques, vous avez de grandes valeurs et n'avez pas pour habitude de baisser les bras au moindre petit accroc dans une relation.

Cette expérience, aussi douloureuse soit-elle, doit permettre de vous faire réaliser tout ce dont vous êtes capable pour les personnes à qui vous tenez mais aussi d'apprendre à doser : aimer quelqu'un ce n'est pas l'autoriser à bafouer qui vous êtes et ce en quoi vous croyez, sous aucun prétexte ! Essayez toujours de rester vous-même quelle que soit la personne que vous avez en face.

25)   Que reflète la durée d'une relation avec un(e) pervers(e) narcissique ?

Une relation d'emprise avec un(e) pervers(e) narcissique peut durer 6 mois, 1an, 5 ans ou même des décennies. Certaines victimes y restent même toute leur vie. Mais qu'est-ce que cela signifie ?

Tout d'abord, il faut préciser que, quel que soit le temps qu'a pu durer votre relation, cela ne remet absolument pas en cause le traumatisme que vous avez pu vivre car une histoire, même brève, avec ce genre de personnes peut causer d'énormes dégâts.

Ce qu'il faut bien garder en tête c'est que pour un(e) pervers(e) narcissique, toute relation n'a qu'une visée utilitaire : si vous êtes proches, c'est que vous lui apportez une sécurité financière (primordiale pour les pervers(es) narcissiques), un statut social, une façade de famille « classique », un savoir-faire ou bien tout simplement la validation de sa fausse image. Il (elle) ne voit en vous qu'un moyen de satisfaire ses besoins. Qui vous êtes profondément, votre personnalité, tout cela lui importe peu. C'est pour cela que vous vous sentez interchangeable avec les autres personnes de son entourage pendant la relation. Et c'est également pour cette raison que le (la) pervers(e) narcissique peut aussi facilement tourner les talons, sans état d'âme lorsque vous ne lui êtes plus vraiment « utile ».

Si vous avez une longue relation jalonnée de nombreux allers-retours avec le (la) pervers(e) narcissique, vous pouvez avoir tendance à penser : « Avec moi c'est différent ! Je compte puisqu'il (elle) revient toujours ! » Malheureusement lorsque vous raisonnez de cette façon vous vous maintenez dans l'illusion que le (la) pervers(e) narcissique a pu vous aimer un jour. Or c'est impossible, une personne perverse narcissique n'est pas « outillée » pour ça ! Vous en avez d'ailleurs la preuve sous les yeux bien souvent puisque le fait de rester avec vous ne l'empêche en aucune façon de papillonner sans cesse, en vous dénigrant auprès de ses conquêtes par-dessus le marché !

Ceci montre bien à quel point aucune personne n'a plus de valeur que les autres aux yeux d'un(e) pervers(e) narcissique.

En restant avec cette idée, vous gardez espoir et cela vous empêche de tourner la page.

Pourquoi le (la) pervers(e) narcissique revient alors ? Tout simplement parce qu'il (elle) a toujours quelque chose à retirer de votre relation : vous lui assurez son confort matériel, ou alors vous êtes toujours aussi attentionné(e), prêt(e) à tout pour lui fournir son approvisionnement narcissique. Si vous réacceptez cette personne dans votre vie après une énième rupture, vous allez revivre le même scénario que les fois précédentes, avec toute la souffrance qui va avec.

Tant que vous n'arriverez pas à admettre que, dans cette relation, vous avez été seul(e) à vous investir émotionnellement et qu'en plus, la personne que vous pensiez aimer n'était qu'un mirage, cela peut durer très longtemps !

Parfois, vous avez conscience de ce qui se passe mais vous n'arrivez pas à franchir le pas, par épuisement ou par peur de l'après. Surtout si cela suppose de tout redémarrer de zéro. Voilà pourquoi certaines relations d'emprise avec un(e) pervers(e) narcissique durent aussi longtemps. Rien à envier, vous en conviendrez !

26) Quelles sont les conséquences d'une relation avec un(e) pervers(e) narcissique sur la victime ?

Pour identifier les conséquences aussi bien physiques que psychologiques d'une relation avec un(e) pervers(e) narcissique il suffit de retracer cette relation. En effet, si les débuts semblent flamboyants, votre partenaire ou votre ami(e) va tôt ou tard tout faire pour vous isoler de vos proches dans le but d'instaurer tranquillement son emprise, sans trop d'obstacles. Ainsi, petit à petit, vous perdez vos repères et vous n'avez bientôt plus la possibilité de vous appuyer sur vos proches pour vous éclairer sur ce qui vous arrive.

Puis les chauds et froids (alternance de moments merveilleux et d'autres beaucoup moins plaisants, sans justification évidente), les injonctions paradoxales (demander tout et son contraire au même moment) finissent par vous embrouiller l'esprit. Vous n'arrivez plus vraiment à décrypter les attentes de l'autre en face, ni même ce que vous ressentez. L'emprise et la présence permanente de cette personne vous empêche de penser sereinement.

Mais le comble, c'est que vous en arrivez à vous en remettre à cette personne pour prendre des décisions ! Autrement dit, vous perdez totalement votre libre arbitre.

Du point de vue physique, le stress permanent auquel vous êtes soumis(e) engendre un taux important de cortisol dans votre organisme. Le cortisol, l'hormone du stress, pousse votre organisme à être en état d'alerte permanente. Vous pouvez alors développer toutes sortes de symptômes : de l'eczéma, du psoriasis, des troubles du comportement alimentaire, de l'insomnie. Parfois, vous tombez dans des addictions pour compenser, pour fuir cette réalité qui devient insupportable.

On peut assister aussi à l'apparition d'adénome(s) dans votre corps voire de certains types de cancers, provoqués par le taux important de cortisol évoqué plus haut.

Enfin, il ne faut pas oublier qu'une telle relation toxique peut vous conduire à une profonde dépression et au suicide.

Avoir connaissance de tous ces potentiels impacts sur votre santé peut éventuellement vous inciter à vous extirper de cette relation.

Comme Paul-Claude Racamier l'a très bien écrit : « Il n'y a rien à attendre de la fréquentation des pervers narcissiques, on peut seulement espérer s'en sortir indemne ».

27) Peut-on aider un(e) pervers(e) narcissique ?

Pour répondre, rappelez-vous votre relation : très tôt, vous vous êtes rendu(e) compte que quelque chose clochait chez votre partenaire ou votre ami(e), mais vous lui trouviez toujours de bonnes excuses : la fatigue, un tempérament nerveux, une enfance difficile par exemple.

Selon ses dires, il (elle) était toujours victime de tout et de tout le monde, que ce soient ses ex-partenaires, ses enfants, ses ami(e)s, ses collègues qui étaient injustes ou plus simplement jaloux de lui (d'elle). En réaction, vous essayiez de l'aider à résoudre ses problèmes, de faire en sorte que les choses s'arrangent.

Puis ça a été à votre tour d'être accusé(e) d'être à l'origine de conflits, de problèmes dans la relation (de couple, amicale ou professionnelle). Vous vous êtes donc plié(e) en 4 pour rétablir l'harmonie, allant jusqu'à oublier vos propres besoins. Mais malgré tous vos efforts, la situation a empiré.

Après de longues périodes de souffrance et d'incompréhension, vous finissez par mettre un nom à ce qui vous arrive : l'emprise psychologique d'une personne souffrant du trouble de la personnalité narcissique, communément appelée pervers(e) narcissique. Vous êtes alors soulagé(e) de réaliser que finalement, vous n'êtes pas en tous points responsable de la dégradation de la relation (contrairement à ce qu'a voulu vous faire croire le (la) pervers(e) narcissique)

Très attaché(e) à cette personne quand même, vous pouvez ressentir le besoin de l'aider. Malheureusement ce genre de profil est dans l'incapacité de reconnaitre avoir un quelconque problème. Si souci il y a, cela vient forcément de l'extérieur, c'est-à-dire les autres ! Envisager une thérapie n'est donc absolument pas une perspective. Si, par hasard, un(e) pervers(e) narcissique en vient à accepter de consulter, c'est uniquement pour pouvoir vous manipuler davantage par la suite, après avoir retourné le (la) thérapeute contre vous.

A moins, mais c'est très rare, qu'il (elle) ait essuyé un échec énorme, ou plusieurs échecs successifs qui le (la) conduisent à envisager une prise en charge qui sera forcément longue et douloureuse, et donc fortement susceptible d'être abandonnée en cours de route.

De toute façon, ce n'est certainement pas vous, une de ses victimes, qui pouvez l'aider dans cette démarche mais plutôt quelqu'un sur qui le (la) pervers(e) narcissique n'a aucune prise (un(e) professionnel(le) de la santé mentale spécialisé(e) dans ce trouble de personnalité)

En cherchant à aider un(e) pervers(e) narcissique, non seulement vous courez à votre perte, mais en plus vous ne l'aidez pas, car en continuant à vous oublier pour lui (elle), vous validez son fonctionnement malsain : dans son esprit, en restant à ses côtés malgré tout, vous cautionnez ses agissements !

Conclusion : Vous ne pouvez pas aider un(e) pervers(e) narcissique à aller mieux. En revanche ce qui est à votre portée, c'est de vous sauver, vous, pour éviter les conséquences désastreuses d'une telle relation.

28) Comment renoncer à vouloir aider un(e) pervers(e) narcissique ?

Lorsque vous entrez en relation avec un(e) pervers(e) narcissique, les confidences arrivent très vite : cette personne vous raconte combien elle a eu une enfance difficile, mais sans réellement entrer dans les détails. Ou alors, il (elle) vous explique combien toutes les personnes qu"il (elle) a connues avant vous ont pu être cruelles et décevantes, et à quel point il (elle) a pu souffrir.

À ce moment-là s'active un réflexe assez commun à toutes les victimes de pervers(es) narcissiques : le syndrome du sauveur ou syndrome de l'infirmière. Pendant toute la relation, vous tentez alors d'aider cette personne à qui vous tenez chaque jour un peu plus.

Quand finalement la relation se termine, même si vous avez vécu des choses très dures avec cette personne, ce besoin de lui venir en aide risque de vous maintenir sous emprise. Surtout que le (la) pervers(e) narcissique ne manque pas de tout faire pour vous apitoyer ou vous culpabiliser.

Ce que vous devez comprendre c'est que cette personne ne souhaite pas être aidée en réalité. Son attitude de vulnérabilité est tout bonnement une stratégie pour vous retenir dans la relation.

La question importante à vous poser est : que recherchez-vous au fond en cherchant à secourir sans cesse cette personne qui finalement vous dénigre, vous humilie la plupart du temps, et ne vous accorde que quelques miettes d'affection par moment ? Sans doute attendez-vous une reconnaissance, ou de l'amour ?

En tout cas, accepter tous ces manques de respect à votre égard témoigne d'une faible estime de soi : vous ne vous accordez pas suffisamment de valeur et attendez du (de la) pervers(e) narcissique qu'il (elle) vous définisse par ses retours. Or ce n'est certainement pas auprès de ce genre de personnes que vous arriverez à reprendre confiance en vous, bien au contraire !

Vous devez entreprendre un travail sur vous afin de découvrir, par vous-même, votre véritable valeur, pour ne plus laisser personne prendre le dessus sur vous et vous dicter quoi faire et que penser.

Après une bonne introspection, vous vous découvrirez et ne ressentirez plus ce besoin d'aider l'autre à n'importe quel prix. Vous parviendrez à fixer et imposer vos limites. Ainsi les pervers(es) narcissique(s), ainsi que toutes les autres personnes toxiques, ne pourront plus vous harponner aussi facilement.

On ne peut pas aider une personne qui ne souhaite pas s'en sortir. Soyez la première personne à qui vous portez secours et vous verrez comme votre vie sera beaucoup plus simple.

29) A quel moment voit-on le vrai visage du (de la) pervers(e) narcissique ?

On l'a vu, les débuts d'une relation d'emprise avec un(e) pervers(e) narcissique sont très souvent flamboyants, mais dès que vous êtes totalement conquis(e), « les choses sérieuses » commencent pour lui (elle). Tout à coup, il (elle) n'est plus aussi charmant(e) : les pics, les reproches apparaissent, alternant avec de nouveaux bombardements d'amour, histoire de ne pas trop vous effrayer. Puis, plus le temps passe et plus les bons moments se font rares au profit de ceux pendant lesquelles votre partenaire, votre ami(e) essaie d'asseoir sa domination : ce qui est recherché, c'est la prise de contrôle total de vos émotions. Car c'est ainsi que les pervers(es) narcissiques fonctionnent : en dominant une personne jugée comme valeureuse, le (la) pervers(e) narcissique se sent exister.

Le fait de pouvoir prendre le contrôle sur vous est pour lui (elle) la preuve de sa puissance, de son pouvoir. Son image de personne au-dessus du lot est alors confirmée. Le voilà le vrai visage du (de la) pervers(e) narcissique.

Inutile de croire qu'avec beaucoup de patience et d'amour, vous retrouverez la personne des débuts car cette dernière était un leurre : le (la) pervers(e) narcissique avait endossé le rôle de la personne que vous recherchiez uniquement pour vous séduire et vous ferrer ! D'ailleurs, si vous repensez à cette histoire, vous vous rendez compte que vous avez toujours plus ou moins vu des signes que quelque chose clochait avec cette personne. Mais inconsciemment, vous refusiez l'évidence, excusant systématiquement tous les comportements déplacés de votre partenaire ou ami(e).

Le fait d'avoir été très proches vous a également permis d'apercevoir l'enfant désemparé et en souffrance qui se cache derrière tous les masques que le (la) pervers(e) narcissique s'évertue à afficher. Cela constitue un autre élément qui vous incite à rester, pour ne pas abandonner le (la) pervers(e) narcissique, malgré tout ce qu'il (elle) vous fait subir. Mais sachez que la souffrance que vous avez perçue, le (la) pervers(e) narcissique ne la ressent plus vraiment depuis que son trouble de personnalité s'est développé. Alors inutile de vous sacrifier.

30) Comment réagit une personne perverse narcissique lorsqu'elle est démasquée ?

Il est normal qu'après plusieurs mois, plusieurs années de mal-être, vous vous interrogiez sur ce que vous vivez. A force de chercher à comprendre, vous parvenez à identifier la nature de la personne que vous côtoyez. Alors comment le (la) pervers(e) narcissique réagit-il (elle) lorsqu'il (elle) comprend que vous l'avez démasqué(e) ?

Dans un premier temps, étant donné qu'il (elle) avait réussi pendant tout ce temps à faire ce qu'il (elle) voulait de vous, il (elle) tente de semer le doute dans votre esprit. Vous avez alors droit à une sorte de nouvelle lune de miel, avec force de promesses et d'attentions en tous genres. Prenez garde à bien garder en tête tout votre vécu douloureux avec cette personne afin de ne pas succomber de nouveau !

Si vous parvenez à rester de marbre face à toutes ces manœuvres de séduction, les choses basculent : les critiques, les dénigrements, la culpabilisation pleuvent, dans le but de continuer à occuper votre esprit. Incapable de reconnaître ses torts et de se remettre en question, votre partenaire ou votre ami(e) essaie de retourner toute la situation et vous accuse de tout ce dont vous avez été victime, et ceci, en prenant à témoin l'entourage acquis à sa cause.

Car en effet, depuis le début de votre relation, et sans que vous vous en doutiez, cette personne a fait croire à tous que vous étiez quelqu'un d'instable, de fragile, ou de jaloux (se) ! Au moment où les choses tournent mal, l'entourage en question n'a donc aucun mal à se ranger du côté de la personne toxique. Vous vous retrouvez donc seul(e), et c'est très difficile.

Vous devez renoncer à toutes ces personnes, car elles constituent la « cour » du (de la) pervers(e) narcissique qui pourrait tout à fait s'en servir contre vous pour vous atteindre.

En démasquant votre partenaire ou votre ami(e) vous risquez de détruire le château de cartes sur lequel il (elle) a créé sa réputation. Et si, en plus, vous le (la) démasquez publiquement avec des faits concrets et vérifiables, le (la) pervers(e) narcissique va vous en vouloir et cherchera à vous le faire payer, même si vous n'êtes plus en relation.

N'accordez pas de crédit à tous les mensonges que cette personne ne manquera pas de colporter sur vous. Vous savez ce que vous avez vécu !

Consacrez-vous plutôt à votre reconstruction et fréquentez les personnes qui vous aiment vraiment.

31) Pourquoi la rupture avec un(e) pervers(e) narcissique est plus douloureuse que toutes les autres ?

Dans toute relation, lorsque cela n'a pas fonctionné, on a besoin de comprendre pourquoi, pour pouvoir continuer à avancer et éviter de reproduire les mêmes erreurs par la suite. Avec un(e) pervers(e) narcissique, c'est très différent : il n'y a pas de raison particulière à la rupture, tout simplement parce qu'il n'y a jamais eu de réelle connexion avec l'autre, le (la) pervers(e) narcissique n'en étant pas capable.

Tout ce que vous pensiez avoir vécu de merveilleux avec cette personne n'a en réalité jamais été partagé : le (la) pervers(e) narcissique n'a fait que se servir de vous pour valoriser sa propre personne.

Ainsi, dès que vous ne lui renvoyez plus une image parfaite de lui (d'elle), que vous cessez de le (la) mettre sur un piédestal, ou que vous ne lui êtes plus utile, vous perdez tout intérêt à ses yeux ! C'est d'ailleurs pour ça que généralement, au moment de la rupture, il (elle) a déjà une autre personne sous la main pour vous remplacer. Vous n'avez toujours été considéré(e) que comme un outil par le (la) pervers(e) narcissique.

Tant que vous ne réalisez pas cela, vous restez dans la douleur et l'incompréhension car vous attendez des explications, voire le retour de cette personne que vous pensez tant aimer. Les pensées qui vous assaillent tant que vous n'avez pas compris sont du genre :

« Ce n'est pas possible, notre histoire ne peut pas se terminer ainsi après tout ce qu'on a partagé ! »

Ces pensées vous rendent susceptible de laisser une porte ouverte à votre ex-partenaire ou ex-ami(e) pour revenir en cas de nouveaux besoins d'approvisionnement narcissique. C'est pourquoi il est impératif de surmonter votre chagrin pour comprendre ce qui s'est réellement joué dans cette relation, afin de ne pas retomber dans le piège.

Le plus difficile, c'est d'admettre que la seule chose qui a existé entre vous deux c'est de la codépendance : cette personne avait besoin de vous pour se prouver son existence et avait réussi à instaurer ou à amplifier une dépendance (affective, financière…) chez vous afin que vous ne vous en alliez pas à la première incartade.

C'est précisément cette dépendance qui rend la rupture si compliquée et qu'il va falloir travailler avec du soutien pour vous détacher de la personne toxique.

32) Qu'est-ce-qui fait partir un(e) pervers(e) narcissique ?

Pour répondre, rappelons que quand un(e) pervers(e) narcissique vous aborde, c'est parce que vous représentez un approvisionnement financier, matériel ou émotionnel. Il (elle) s'appuie sur vos qualités de cœur et vos valeurs profondes pour vous en demander toujours plus pendant la relation.

Les proies des pervers(es) narcissiques ne sont pas des personnes faibles, bien au contraire. C'est d'ailleurs ce qui permet à la relation de durer des mois, voire des années. Pendant toute cette période, le (la) pervers(e) narcissique se sert des réactions qu'il (elle) induit chez vous pour tester son impact sur vous, tout en donnant une version très personnelle à son armée d'admirateurs de ce qui se passe entre vous.

Le moment que choisit le (la) pervers(e) narcissique pour s'en aller, c'est lorsqu'il n'y a plus rien à retirer de votre relation : vous êtes épuisé(e) par les chauds et froids qui vous sont imposés, par le fait de devoir vous justifier en permanence, et vous ne lui renvoyez plus une image assez valorisante. Ou alors, plus simplement, vous n'avez plus d'argent !

A moins que vous ayez tout compris ! Alors, vous constituez désormais un danger pour sa réputation irréprochable et vous n'êtes plus manipulable. Vous devez donc être expulsé(e) du « clan » avant de contaminer les autres avec ce que vous savez.

Le (la) pervers(e) narcissique part généralement sans explication et ce d'autant plus si une autre personne est en vue, plus naïve, plus fraîche que vous. Parfois, juste avant le départ, vous avez droit à : « Prends soin de toi ! »

Cette fausse bienveillance lui permet de s'assurer un accueil à bras ouverts en cas de besoin, c'est à dire quand il (elle) se sera lassé(e) de sa nouvelle proie ou si celle-ci s'avère peu « nourrissante ».

Il est totalement illusoire de croire que la personne qui vous remplace est mieux considérée que vous ou qu'un éventuel retour de sa part vous serait bénéfique, bien au contraire !

33) Quand la personne perverse narcissique s'en va, pourquoi la victime est -elle convaincue d'être responsable de l'échec de la relation ?

Il faut se rappeler que lorsqu'un(e) pervers(e) narcissique est à l'origine de la rupture, c'est que vous ne lui fournissez plus autant d'approvisionnement narcissique qu'avant et que, très certainement, une autre personne plus naïve que vous concernant ses intentions, et surtout plus fraîche, est en ligne de mire.

Si vous êtes convaincu(e) d'être celui (celle) qui est responsable de tout le gâchis dans la relation c'est que votre partenaire, votre ami(e) a parfaitement réussi à instaurer son emprise. Les mots que vous employez ne sont pas les vôtres finalement mais bel et bien ceux du (de la) pervers(e) narcissique : vous vous croyez responsable de tout, vous vous voyez comme la personne qui a tout abîmé et n'a pas fait assez d'efforts.

Faites une relecture de votre histoire, en vous référant aux faits :

- N'avez-vous pas tenté X fois d'arranger les choses ?

- Avez-vous fait passer les besoins de cette personne avant les vôtres ?

- Cette personne était-elle devenue le centre de votre vie et de vos préoccupations ?

- Vous a-t-elle éloigné(e) de vos proches ?

Si la réponse à toutes ces questions est « oui », comprenez que les dés étaient pipés depuis le départ ! Cette personne vous en avait mis plein les yeux à votre rencontre pour que vous soyez tellement ébloui(e) que vous ne pouviez que tomber dans le piège ! Vous aviez fini par ne vivre plus qu'à travers lui (elle). Il lui a été donc facile ensuite de faire de vous, et de vous faire croire tout ce qui l'arrangeait ! C'est comme ça que les pervers(es) narcissiques agissent pour asseoir leur domination et ainsi se sentir puissant(e)s, se trouver de la consistance.

Dans cette malheureuse histoire, vous êtes tombé(e) en amour d'un mirage, qui correspondait à votre rêve. En fin de compte vous n'avez rien gâché puisqu'il n'existait pas de véritable relation avec le (la) pervers(e) narcissique.

34) Pourquoi le silence radio d'un(e) pervers(e) narcissique est une torture pour sa victime ?

Le silence radio, c'est l'absence subite et sans raison apparente de réponse de la part d'une personne proche. Quelle que soit la situation dans laquelle vous vous trouvez, c'est toujours difficile à vivre, mais c'est encore plus mal perçu si vous êtes dans une relation avec un(e) pervers(e) narcissique. Ceci parce que cette personne a réussi à faire en sorte de devenir le centre de votre univers, vous en êtes au point de ne vous consacrer qu'à ses besoins, et ce, au détriment des vôtres bien évidemment.

Si vous vous penchez le plus objectivement possible sur cette relation, vous sentez bien qu'elle ne tient à rien, que c'est vous, et vous seul(e) qui la portez à bout de bras en espérant retrouver la magie des débuts. L'autre en face ne fait qu'user et abuser de votre énergie et s'amuse à réduire à néant tous vos efforts.

Cette personne a pris tellement de place dans votre tête et dans votre cœur que vous vous êtes perdu(e). Son silence radio, lorsqu'il intervient, ne peut donc pas être vécu autrement que comme le sentiment de n'être plus rien, de n'avoir plus aucune valeur. Vous perdez tous vos repères.

Pour sortir de cet enfer, il faut bien comprendre le fonctionnement du (de la) pervers(e) narcissique : en réalité, il n'y a jamais eu de réciprocité dans votre relation parce que votre partenaire, votre ami(e) n'est pas capable de voir l'autre comme une personne à part entière. Pour lui (elle), vous n'êtes qu'un miroir destiné à lui renvoyer l'image de perfection qu'il (elle) s'est imaginée.

Cette personne est comme enfermée dans une bulle ou règne sa propre réalité qui n'a rien de commun avec la vôtre. Elle doit établir des relations fusionnelles pour se calquer aux personnes qu'elle admire et qu'elle aimerait être. Évidemment, à chaque fois, sa tentative de devenir comme ses victimes échoue.

Avec vos qualités, telles l'empathie, la sensibilité, votre souci des autres, vous finissez par renvoyer, involontairement bien sûr, le (la) pervers(e) narcissique à son propre vide. Et c'est insupportable pour cette personne qui se veut au-dessus du lot. Son objectif est alors de vous rabaisser, de vous blesser pour reprendre le contrôle sur la situation, et le silence radio est une arme de choix pour ça.

35) Pourquoi ce besoin de savoir ce que devient le (la) pervers(e) narcissique après la séparation ?

Lorsque la relation avec un(e) pervers(e) narcissique se termine, de nombreuses questions vous assaillent et restent sans réponse. C'est le grand vide pour vous, la souffrance est maximale, et ce, d'autant plus que cette personne a fini par vous faire croire que tous les problèmes qui ont conduit à la rupture viennent de vous ! Vous êtes donc rempli(e) de doutes, vous cherchez ce que vous auriez pu faire de plus. Et surtout, vous vous demandez ce que le nouveau (la nouvelle) a de plus que vous pour avoir été choisi(e) pour vous remplacer !

Vous devez réaliser que cette personne, tout comme vous juste avant, n'est que sa possession, son faire-valoir, son porte-monnaie, ou tout bonnement sa poubelle psychique ! Et ce, même si le (la) pervers(e) narcissique s'évertue à afficher son nouveau pseudo bonheur aux yeux de tous, et surtout aux vôtres, histoire de vous enfoncer davantage ! Vous comprenez donc qu'il est parfaitement inutile de continuer à tourner votre attention vers cette personne car celui (celle) que vous avez pensé aimer n'a jamais existé !

En revanche, les souffrances que vous avez connues en étant auprès de cette personne sont bien réelles et témoignent du vrai visage, des réelles intentions du (de la) pervers(e) narcissique.
Un(e) pervers(e) narcissique ne sait pas vivre autrement qu'en vampirisant les autres.

36) Comment se fait-il que les pervers(es) narcissiques arrivent à tourner la page aussi vite ?

Si vous vous posez cette question, c'est que vous souffrez beaucoup de la rupture, tandis que votre ex-partenaire ou ami(e) affiche déjà un nouveau bonheur sans faille sur les réseaux sociaux par exemple. Mais cela signifie aussi que vous n'avez pas vraiment intégré le fonctionnement d'un(e) pervers(e) narcissique.

Rappelons-le une nouvelle fois : lorsque vous rencontrez un(e) pervers(e) narcissique, ce n'est pas vous qui l'intéressez à proprement parler, mais ce que vous êtes susceptible de lui apporter.

Un(e) pervers(e) narcissique est obnubilé(e) par ses propres intérêts et ne voit en vous qu'un moyen d'obtenir son objectif : se voir comme une personne importante, grandiose. Il (elle) a besoin de se sentir le (la) meilleur(e), supérieur(e) à tout le monde, et à vous en particulier ! Tant que vous avez du répondant, positif ou négatif, face à ses actions, le (la) pervers(e) narcissique reste en relation avec vous de façon plus ou moins étroite. Et ce n'est que lorsque vous êtes totalement épuisé(e), qu'il (elle) estime ne plus rien avoir à retirer de la relation, qu'il (elle) décide de partir pour renflouer son égo auprès de quelqu'un d'autre.

Souvent, sa disparition n'est que temporaire car, dans son esprit, vous restez disponible en cas de besoin, en bon jouet que vous êtes ! Les merveilleux débuts de la relation n'ont jamais été authentiques du côté du (de la) pervers(e) narcissique, et vous devez impérativement garder ça en tête pour vous empêcher de retourner dans cette relation à la moindre sollicitation de sa part.

Référez-vous aux faits et non pas ce que vous avez ressenti pour comprendre ce qui s'est réellement passé.

Rappelez-vous : vous ne vous êtes jamais senti(e) unique auprès de cette personne qui faisait et fait d'ailleurs toujours exactement les mêmes choses qu'avec vous, avec d'autres. Même le surnom qu'il (elle) vous attribuait est désormais donné à quelqu'un d'autre, ce qui montre bien le peu d'investissement émotionnel que vous accordait votre ex-partenaire ou ex-ami(e).

Quand vous intégrez tout cela, vous comprenez pourquoi un(e) pervers(e) narcissique est capable de tourner les talons subitement sans aucun état d'âme.

38) Comment accepter de n'avoir jamais vraiment compté pour le (la) pervers(e) narcissique ?

Plus ou moins longtemps après la rupture avec un(e) pervers(e) narcissique, vous réalisez que tout ce que vous avez pu investir dans cette relation est parti dans le vent, que rien de ce que vous avez pu donner à cette personne ne s'est imprégné en elle. Pire même, la personne que vous avez tant aimée pendant toutes ces années fait désormais en sorte, aux yeux de tous, de vous faire endosser l'entière responsabilité de ce qui n'a pas fonctionné dans la relation.

Par conséquent, vous vous sentez au plus mal, vide de toute énergie. Pour lutter contre ce mal- être, vous devez vous rappeler une chose : un(e) pervers(e) narcissique n'est pas capable d'aimer qui que ce soit du fait de son défaut de construction. Le non-amour et le rejet de sa part n'a donc rien à voir avec qui vous êtes, vous !

Chercher à vous définir par rapport à ce que vous renvoient les autres sur vous, c'est leur donner beaucoup trop de pouvoir ! Il appartient à chacun d'entre nous de découvrir notre propre valeur, valeur dont vous n'aviez certainement pas pleinement conscience lorsque vous avez rencontré le (la) pervers(e) narcissique.

En engageant ce travail de découverte, vous prendrez confiance en qui vous êtes et en ce que vous valez, et l'histoire avec le (la) pervers(e) narcissique ne représentera plus alors qu'un épisode de votre vie (épisode sans doute nécessaire pour apprendre à vous donner la priorité).

La clé pour aller mieux après ce genre de relation c'est donc de cesser de se tourner sans cesse vers les autres et de commencer à se considérer soi comme il se doit !

39) Pourquoi est-ce si difficile d'ouvrir les yeux d'une personne en relation avec un(e) pervers(e) narcissique ?

Lors de votre rencontre, le (la) pervers(e) narcissique, que vous n'identifiez évidemment pas comme tel(le), correspond en tout point à LA personne que vous attendiez depuis toujours. Cette personne parvient à vous faire croire qu'il existe une connexion exceptionnelle entre vous, vous jurant n'avoir jamais connu quelque chose d'aussi fort auparavant.

En début de relation, vous êtes littéralement mis(e) sur un piédestal, il est donc tout à fait normal que lorsque quelqu'un tente de vous alerter au sujet de cette relation, vous ne soyez pas disposé(e) à entendre ses propos.

Progressivement, le (la) pervers(e) narcissique vous isole de vos parents, de vos amis, soit en les dénigrant : « L'être exceptionnel que tu es mérite bien mieux qu'eux ! », soit, au contraire en ralliant votre entourage proche à sa cause. De cette manière, lorsque plus tard, vous cherchez du soutien face aux dénigrements, humiliations du (de la) pervers(e) narcissique, vous n'êtes pas cru(e) !

Ne pouvant vous confier à personne, vous vous retrouvez dans une relation exclusive avec la personne toxique, avec l'impossibilité d'avoir des avis extérieurs sur ce qui vous arrive. Petit à petit, vous perdez tous vos repères, et le (la) pervers(e) narcissique peut alors progressivement avancer dans les abus.

Vous êtes désemparé(e) mais les souvenirs des débuts de la relation restent ancrés dans votre esprit, vous maintenant dans l'espoir d'un retour vers des jours meilleurs. Ensuite, tout est fait pour que vous en arriviez à une complète remise en question. En plus, vous avez généralement la croyance qu'avec beaucoup d'amour et de patience, toutes les tensions peuvent s'apaiser. Vous pensez, à tort évidemment, que si vous êtes aux petits soins avec votre partenaire, votre ami(e), tout redeviendra comme avant. Malheureusement, le (la) pervers(e) narcissique va user et abuser de votre capacité à vous remettre en question, de votre générosité de cœur et va vous faire culpabiliser encore et encore. C'est sa façon de tester son impact sur vous et donc de se sentir exister.

Ce n'est que quand finalement, vous avez tout tenté, quand vous êtes totalement épuisé(e), que vous devez vous rendre à l'évidence : la personne en face n'a jamais voulu que votre relation fonctionne !

Généralement, vous avez besoin de suivre tout ce cheminement avant de réellement ouvrir les yeux. Toute tentative de l'entourage, si elle intervient trop tôt, ne conduit qu'à vous braquer et vous inciter à mettre encore plus de distance entre vous. Ceci parce que vous refusez de renoncer à votre rêve...

40) Pourquoi ces pensées obsessionnelles après la séparation avec un(e) pervers(e) narcissique ?

On l'a déjà évoqué, dans une relation avec un(e) pervers(e) narcissique, tout finit par ne tourner qu'autour de lui (elle) : votre esprit est obnubilé par l'idée de lui faire plaisir, de ne pas froisser son égo, d'être la personne parfaite pour continuer à vivre le rêve éveillé que vous pensez connaître.

Le problème c'est que votre partenaire, votre ami(e) vous en demande toujours plus ! Au bout d'un moment, vous n'êtes donc plus aussi efficace pour le (la) satisfaire.

Vous perdez alors rapidement votre intérêt à ses yeux.

Face à ce revirement de situation des questions se bousculent dans votre esprit :

- « Mais que s'est-il passé ? »
- « Que puis-je faire de plus ? »

Vous sentez que les choses vous échappent, mais vous continuez à donner toute l'énergie qui vous reste pour obtenir à nouveau un sourire, une petite attention.

Pendant ce temps, le (la) pervers(e) narcissique ne se gêne pas pour aller chercher une autre personne à exploiter, ou plusieurs même, avant de vous jeter comme un mouchoir usagé dès que vous ne lui êtes plus utile.

Être « banni(e) » de la sorte est terriblement douloureux, et ça l'est d'autant plus quand c'est par la personne qui a été le centre de votre vie pendant un bon moment.

Votre cerveau tourne en boucle, et vous revoyez toutes les scènes que vous avez vécues avec cette personne. Vous n'arrivez pas à comprendre pourquoi, après autant d'efforts, autant de sacrifices vous en êtes arrivés là. Évidemment, vous êtes convaincu(e) que tout est votre faute, que vous avez été insuffisant(e), votre partenaire ou votre ami(e) a œuvré pour ça !

Comprendre que pour cette personne, vous n'étiez qu'un accessoire nécessaire pour sa survie comme n'importe qui d'autre, est essentiel pour mettre fin à ces ruminations, et pour arrêter de culpabiliser.

41) Les pervers(es) narcissiques reviennent-ils (elles) toujours ?

Un(e) pervers(e) narcissique ne peut pas vivre sans proie et est totalement dépendant(e) des autres pour combler son vide intérieur. Pour cette personne, vous êtes son jouet, sa chose. Vous lui appartenez, d'autant plus qu'il (elle) a dû déployer une énergie colossale pour vous attirer dans ses filets. Tout ce déploiement de bonté et de générosité à votre égard, toutes ces petites attentions en début de relation, ce n'était pas gratuit ! Vous constituez un investissement visant à servir ses propres intérêts financiers, affectifs, matériels.

Généralement un(e) pervers(e) narcissique conserve toujours sa proie à proximité, même s'il (elle) fait mine de partir. En effet, même lorsqu'il (elle) est à l'initiative de la rupture, il (elle) laisse toujours une porte ouverte lui permettant un éventuel retour.

Très souvent, la dépendance induite chez vous pendant la relation provoque un manque atroce qui annule toute velléité de résistance de votre part au moment où le (la) pervers(e) narcissique décide de réapparaitre dans votre vie.

Tout est orchestré d'avance avec un(e) pervers(e) narcissique : au moment de son départ, il (elle) a déjà en tête le moment et la façon dont il (elle) pourra revenir… en partant du principe, bien évidemment qu'il (elle) sera accueilli(e) les bras ouverts !

Son départ signifie juste qu'une nouvelle proie, plus fraîche et plus naïve, est à même de lui témoigner un amour sans limite, une admiration sans borne, pour combler son vide existentiel insatiable.

Alors, les pervers(es) narcissiques reviennent-ils (elles) toujours ? La réponse est oui, sauf s'il n'y a plus rien à retirer de votre relation, autrement dit : si vous êtes totalement épuisé(e) et que vous ne lui renvoyez plus une image idyllique de lui (d'elle), ou si vous êtes totalement ruiné. Vous ne représentez alors plus aucun intérêt et il (elle) ne reviendra pas.

J'attire votre attention sur un cas particulier : celui ou c'est vous qui êtes à l'origine de la séparation, parce que vous n'en pouvez plus, ou mieux, parce que vous avez tout compris ! Dans ce cas, vous avez de grande chance que le (la) pervers(e) narcissique ne vous laisse pas tranquille et tente tout son possible pour reprendre le contact. Non pas pour revivre quelque chose avec vous, mais pour tenter de vous soumettre à nouveau et prendre ensuite la décision de vous quitter, afin d'être celui (celle) qui a le dernier mot ! Attention à ne pas céder au chant des sirènes !

42) Au bout de combien de temps un(e) pervers(e) narcissique lâche prise ?

Lorsqu'une relation avec un(e) pervers(e) narcissique s'achève, cela signifie rarement que cette personne sort de votre vie immédiatement, loin de là !

Alors, au bout de combien de temps finit-il (elle) par lâcher prise ?

Il semblerait que l'on ne peut pas parler en termes de temps. En effet, pour que ce type de personne arrête de vous solliciter, il faut deux conditions :

1- Vous n'avez plus rien à lui apporter du point de vue valorisation narcissique : vous êtes totalement dévitalisé(e), ruiné(e) et vous ne remplissez plus votre fonction de miroir magique, ou alors vous avez compris à qui vous avez affaire et vous n'êtes donc plus autant manipulable qu'avant.

2- Une autre personne est en ligne de mire, beaucoup plus réceptive que vous, et donc susceptible de vous remplacer dans vos « fonctions ».

Si l'une de ces deux conditions n'est pas réalisée, attendez-vous à l'avoir encore sur le dos pendant un moment plus ou moins long !

J'attire votre attention sur le fait que même si le (la) pervers(e) narcissique est occupé (e) avec quelqu'un d'autre et vous laisse tranquille pendant un certain nombre d'années, vous n'êtes pas à l'abri d'un éventuel retour de sa part en cas d'absence de proie potentielle aux alentours.

De même, lorsque vous avez des enfants avec le (la) pervers(e) narcissique, la situation est plus complexe car les enfants constituent un moyen de pression supplémentaire pour obtenir ce qu'il (elle) veut de vous. La bataille sera plus longue et difficile, au moins jusqu'à la majorité des enfants, et il va falloir vous accrocher !
Mais que cela ne vous empêche pas de vous créer une nouvelle vie sans en toucher mot à votre ex conjoint afin de retrouver un peu de soleil dans votre vie après toutes les années sombres que vous avez vécues avec cette personne.

43) Que faut- il éviter après une relation avec un(e) pervers(e) narcissique ?

Après la rupture avec un(e) pervers(e) narcissique, vous êtes souvent tenté(e) de retourner auprès de cette personne, et ce pour deux raisons :

- soit vous êtes à l'origine de la rupture et cette personne vous harcèle pour vous inciter à revenir. Vous cherchez alors à lui expliquer les raisons de votre départ, et vous vous faites piéger de nouveau.

- soit c'est cette personne qui s'est détournée de vous sans explication et vous aimeriez comprendre comment vous en êtes arrivé(e)s là.

Ce qu'il faut sans cesse se rappeler, c'est qu'une relation avec un(e) pervers(e) narcissique est vouée à l'échec depuis le départ puisqu'il n'y a pas de réelle connexion à l'autre. Finalement, en rompant cette relation, vous ne perdez que l'illusion de ce que vous pensiez vivre avec cette personne. Rien n'était authentique de son côté puisque son seul objectif était de se remplir de ce que vous lui apportiez.

De même chercher à le (la) faire réagir en lui expliquant combien vous souffrez ne vous mènerait nulle part car cette personne est incapable de reconnaître ses torts. Vous ne feriez que perdre votre temps et votre énergie. Surtout que le (la) pervers(e) narcissique pourrait en profiter pour recommencer à vous culpabiliser et à vous manipuler !

Il faut impérativement, autant que possible, éviter tout contact direct avec cette personne.

Si vous êtes en procédure de divorce, la meilleure chose à faire est de passer par les avocats ou tout autre intermédiaire pour régler vos différents.

L'autre erreur à éviter une fois que la relation est rompue, c'est de repenser à tout ce que cette personne a pu vous dire, car tout était fait pour vous déstabiliser, vous décrédibiliser, non seulement aux yeux des autres, mais également aux vôtres ! Rappelez-vous ce que vous avez vécu, remémorez-vous les faits et vous y verrez plus clair.

Autre point important : le (la) pervers(e) narcissique était omniprésent(e) dans votre vie pendant la relation et vous ressentez donc un vide immense après la séparation. Ceci ne doit pas vous pousser à vous jeter à corps perdu dans de nouvelles relations sans avoir vraiment compris ce qui a pu se jouer avec la personne toxique, sous peine de replonger dans le même schéma de relation !

En revanche, il ne faut pas vous isoler non plus car vous avez besoin de soutien après une relation aussi douloureuse. Vous avez désormais l'occasion de renouer avec votre famille, des amis qui s'étaient éloignés, ou de vous créer de nouveaux liens avec d'autres personnes, en restant vigilant(e) face à d'éventuels signes de toxicité.

Enfin, rappelons qu'il est essentiel de ne pas voir de pervers(es) narcissiques partout, même s'il est vrai que de nombreux profils peuvent s'avérer toxiques dans une relation.

Gardez vos sens en alerte mais faites-vous confiance !

44) Quelles sont les leçons à retenir concernant la relation avec un(e) pervers(e) narcissique ?

La première chose à retenir, et pas la moindre, c'est qu'un(e) pervers(e) narcissique ne vous aime pas comme vous le pensez, et ne vous aimera jamais, car pour lui (elle), toute interaction n'a qu'une visée utilitaire : il (elle) entre en relation uniquement pour faire valider le personnage qu'il (elle) s'est construit. L'autre n'est pas perçu comme une personne à part entière. Il n'y a donc pas d'échange, pas de partage réel, donc pas de réciprocité.

La deuxième chose importante à savoir au sujet d'un(e) pervers(e) narcissique, c'est que dès que la lune de miel se termine, toutes les confidences que vous avez pu lui faire seront dévoilées, et les sensibilités qui vous sont propres, vos fragilités seront utilisées contre vous.

Le troisième élément qu'on apprend à la suite d'une relation avec un(e) pervers(e) narcissique, c'est qu'il ne faut jamais le (la) contredire pendant la relation : si vous ne validez pas totalement son personnage, vous le (la) blessez et vous vous exposez à une crise de rage narcissique.

De même, il ne faut jamais montrer que vous en savez plus que le (la) pervers(e) narcissique sur un sujet, car vous remettriez en cause sa supériorité.

De la même façon, il est parfaitement inutile de lui faire part de vos propres besoins, il (elle) s'en contrefiche. Tout ce qui l'intéresse c'est que vous consacriez toute votre énergie à le (la) satisfaire, et que vous vous effaciez.

Si par malheur, le (la) pervers(e) narcissique aperçoit encore des qualités ou des capacités chez vous qu'il (elle) n'arrive pas à s'approprier, vous allez terriblement l'embarrasser, et il (elle) va vouloir vous écarter subitement.

Il (elle) peut également décider de rompre la relation simplement parce qu'il (elle) s'est lassé(e) de vous et a déniché une autre personne représentant un renouveau qui l'attire irrémédiablement.

Enfin, dernière chose très importante à retenir lorsqu'on est face à un(e) pervers(e) narcissique : il ne faut jamais écouter ce que dit cette personne. Regardez plutôt ce qu'elle fait et vous constaterez qu'il y a un écart considérable entre ses propos et ses actes, ce qui devrait vous permettre de réaliser combien il s'agit d'une personne peu fiable.

45) Quelles sont les étapes traversées après la rupture par une victime de pervers(e) narcissique ?

Après la rupture que, ce soit vous qui soyez parti(e) après la dispute, le reproche de trop, ou que ce soit votre partenaire ou votre ami(e) qui se soit détourné(e) de vous sans explication, vous vous retrouvez comme dans un brouillard. Vous n'arrivez pas à comprendre comment une relation qui avait commencé d'une façon aussi magique a pu devenir un tel fiasco. Vous êtes anéanti(e).

En faisant une relecture de ce qui s'est passé, en se référant seulement aux faits, vous vous rendez compte qu'il y avait des couacs depuis le début dans cette relation. Malgré tout, si même un spécialiste vous parle de perversion narcissique, vous n'y croyez pas et vous vous raccrochez aux bons souvenirs des débuts de la relation.

Quand vos proches tentent de vous montrer que cette relation était une imposture, que ce partenaire, cet(te) ami(e) était en fait malveillant(e), vous refusez de l'admettre et vous excusez encore les comportements déplacés de cette personne. Vous êtes dans le déni de la triste réalité !

Puis chaque jour qui passe sans fréquenter la personne toxique vous amène à réaliser de plus en plus combien vous avez été manipulé(e). Vous passez alors du déni complet à la colère contre votre partenaire, votre ami(e) qui vous a sciemment mené(e) en bateau et vous a tant blessé(e). Des scènes tournent en boucle dans votre esprit, vous mesurez combien vous avez été malmené(e) par cette personne qui prétendait vous aimer.

Cette colère que vous ressentez peut également être tournée contre vous : « Mais comment n'ai-je rien pu voir ? », « Comment ai-je pu croire à toutes ces fausses promesses ? » Ce sont là les pensées qui traversent votre esprit.

Vous essayez de trouver une explication logique, acceptable, à toute cette histoire. Vous vous dites que cette personne peut peut-être changer si vous arrivez à vous expliquer. Cette étape est critique donc, car vous risquez de vouloir reprendre contact avec le (la) pervers(e) narcissique, pour obtenir les éclairages dont vous avez besoin. Finalement vous êtes obligé(e) de vous rendre à l'évidence : la réalité n'a rien à voir avec le conte de fées auquel vous avez tellement cru, la relation exceptionnelle que vous pensiez vivre n'a en fait jamais existé ! Votre déception est colossale.

Vous prenez conscience également, en vous renseignant, que même avec tout votre amour, toute votre patience, la situation n'aurait pas pu s'améliorer, tout simplement parce que votre partenaire, votre ami(e) n'a jamais voulu réellement construire quelque chose avec vous. La douleur qui vous empoigne est atroce, vos rêves partent en fumée. En en apprenant plus sur le trouble de la personnalité narcissique, vous réalisez que les sentiments que vous avez pu ressentir ne feront jamais écho chez cette personne et que la situation ne pourra jamais évoluer positivement. Vous vous devez de passer à autre chose.

46) Peut-on redevenir la personne que l'on était avant la rencontre avec le (la) pervers(e) narcissique ?

Lors de votre rencontre avec votre partenaire, votre ami(e) ou votre collègue de travail, vous aviez un rêve d'accomplissement : fonder une famille, avoir une amitié indéfectible, ou vous réaliser dans votre travail par exemple. Cette personne vous a bombardé de compliments et d'attentions en tous genres, prenant rapidement énormément de place dans votre vie.

C'était tellement agréable d'avoir trouvé quelqu'un qui semblait vous comprendre aussi bien ! Vous avez donc fait taire cette petite voix au fond de vous qui vous disait que tout allait peut-être un peu trop vite, que tout était un peu trop intense. Et vous vous êtes progressivement enfoncé dans l'emprise, malgré toutes les alertes.

Après la rupture qui se veut généralement très douloureuse quand on est face à un(e) pervers(e) narcissique, vous êtes vidé(e) de toute énergie et vous pensez, à tort, que vous ne pourrez jamais vous en remettre. Or, avec le temps, si vous parvenez à maintenir une certaine distance avec le (la)pervers(e) narcissique, vous réalisez que vous étiez face à un être vide de tout, qui a un besoin incessant de se nourrir de l'énergie des autres pour survivre.

Vous vous apercevez que vous avez la capacité de vous réparer à la suite de cette épreuve car vous prenez conscience que ce sont toutes vos qualités qui ont attiré le (la) pervers(e) narcissique. Dans le même temps, vous comprenez que ce sont vos fragilités (un manque de confiance en soi, un besoin de reconnaissance, la peur de l'abandon par exemple) qui lui ont permis d'asseoir son emprise sur vous.

Travailler sur vos points sensibles vous permettra de prendre conscience de votre véritable valeur, celle que vous avez toujours eue et que le (la) pervers(e) narcissique avait repérée tout de suite ! Quant à votre rêve, il vous appartient ! Vous avez simplement cherché à le réaliser avec la mauvaise personne.

Vous êtes capable d'aller de l'avant, en retrouvant votre identité, vos valeurs que vous n'avez pas perdues non plus. Donc pour répondre à la question : Peut-on redevenir la personne que l'on était avant ? La réponse est oui… et non, car désormais vous savez que certaines rencontres sont dangereuses et vous devez en avoir identifié les signaux d'alerte.

Apprenez à bien écouter vos ressentis, votre petite voix intérieure, et surtout faites-vous confiance !

47) Pourquoi la victime d'un(e) pervers(e) narcissique est toujours surveillée voire harcelée après la rupture ?

Il faut se rappeler que lors de votre rencontre, le (la) pervers(e) narcissique investit énormément d'énergie pour vous. Il (elle) déploie tout son arsenal de séduction pour vous attirer dans ses filets.

Toute la relation est menée de manière que cette personne toxique prenne le contrôle sur vous et vos émotions : vous êtes son objet, sa poupée, sa marionnette qu'il (elle) utilise selon ses désirs. Votre mise sous emprise lui assure ce qu'il (elle) recherche le plus au monde : être admiré(e), regardé(e), écouté(e) en permanence.

Lorsqu'après le dénigrement ou la dispute de trop, vous décidez de partir, vous portez directement atteinte à son ego et c'est insupportable pour lui (elle). Il (elle) vous harcèle alors en vous envoyant des tonnes de messages pour vous faire culpabiliser ou pour vous intimider dans le but de vous faire revenir dans la relation. Vous êtes alors forcé(e) de le (la) bloquer de partout ou presque (si vous avez des enfants en commun), de porter plainte parfois, le (la) pervers(e) narcissique ne supportant pas de perdre le contrôle sur vous.

Il (elle) peut aussi tout à fait demander à une personne de son entourage, ralliée à sa cause car manipulée, d'intervenir à sa place.

Dans le cas où c'est le (la) pervers(e) narcissique qui vous quitte, c'est parce qu'il (elle) a trouvé une autre personne plus manipulable, plus docile que vous. Il (elle) tourne alors les talons sans explication, en vous attribuant tous les torts afin de vous faire culpabiliser au maximum et ainsi vous rendre plus « disposé(e) » à le (la) reprendre dans votre vie quand l'envie lui prendra de revenir. C'est la raison pour laquelle il (elle) continue à vous surveiller même après son départ, pour voir où vous en êtes et orchestrer un retour, même bref, auprès de vous. De cette façon, il (elle) vous empêche de tourner la page et reste dans vos pensées !

Tant que vous souffrez de son départ, vous n'avez plus de nouvelles, puis, lorsque les choses s'arrangent pour vous, vous avez droit à une nouvelle sollicitation de sa part, pour vous déstabiliser encore une fois.

Il existe un troisième cas de figure : celui où vous l'avez démasqué(e) ! Dans ce dernier cas, vous représentez une réelle menace pour sa réputation ! Il (elle) fait alors tout pour vous faire passer pour la pire personne qui soit auprès de tous ceux qui sont prêts à le (la) croire. Cette fois-ci, vous êtes épié(e) par crainte de ce que vous pourriez dévoiler !

Le (la) pervers(e) narcissique ne reviendra jamais vers vous de manière directe mais saisira toutes les occasions, même les plus sournoises, pour vous nuire, car vous avez commis le crime de lèse-majesté en le (la) démasquant.

Si vous avez des enfants avec le (la) pervers(e) narcissique, la surveillance indirecte est possible par leur intermédiaire alors efforcez-vous de ne pas laisser votre ex-partenaire les instrumentaliser de la sorte et gardez votre nouvelle vie pour vous au moins dans les premiers temps.

48) Comment ne plus attirer les pervers(es) narcissiques ?

Si vous avez été victime d'un(e) pervers(e) narcissique, c'est que vous êtes certainement une personne très généreuse, empathique, un brin idéaliste, et que vous êtes toujours terriblement disposé(e) à vous rendre disponible pour les personnes auxquelles vous tenez. Tous ces traits de caractère sont de très belles qualités qui ont permis malheureusement l'instauration de l'emprise par le (la) pervers(e) narcissique.

Une fois sorti(e) de cette relation hautement destructrice, vous êtes terrifié(e) à l'idée de retomber sur ce genre de personnes. Vous n'osez plus vous ouvrir à une quelconque relation.

Puis, l'envie de recréer de nouveaux liens revient, mais vous vous devez d'être prudent(e) pour ne pas retomber sur le même profil.

En premier lieu, il faut apprendre à ne plus faire passer les besoins des autres avant les vôtres. Écoutez ce que votre corps vous dit, d'autant plus qu'après une relation avec un(e) pervers(e) narcissique, les signaux d'alerte sont plus évidents (sensation de malaise, contrariété, impression de fausseté, le « trop beau pour être vrai » …).

N'hésitez pas à vous affirmer, à dire non, à ne pas être systématiquement disponible. Ne vous laissez pas envahir par l'autre, sous aucun prétexte.

Prendre le temps de connaitre, d'observer l'autre avant toute confidence est essentiel.

Si vous constatez que votre nouvelle rencontre se plaint de tout le monde et critique la plupart des gens de son entourage, freinez des quatre fers !

De même lorsque la personne vous choque par son comportement ou par ses paroles, n'hésitez pas à lui expliquer comment vous voyez les choses : avec une personne « saine », la discussion sera possible, avec un(e) pervers(e) narcissique, beaucoup moins !

Autre point très important : ne cherchez pas d'excuses à un comportement déplacé, ne vous voilez pas la face : si vous avez l'impression que votre partenaire, ou votre ami(e) vous manque de respect c'est que c'est le cas !

En résumé : apprenez à faire de vous votre meilleur(e) allié(e). Après une relation avec un(e) pervers(e) narcissique, vous devez apprendre à bien vous connaitre, pour déterminer ce que vous voulez, et surtout ce que vous ne voulez plus jamais. Ne laissez plus personne vous dicter quoi faire et surtout quoi penser car, en amour comme en amitié, une personne qui tient à vous saura prendre soin de vous sans vous imposer quoi que ce soit. Vous aurez l'occasion de vous en rendre compte quand vous aurez rencontré la bonne personne.

Si vous arrivez à poser clairement vos limites, les pervers(es) narcissiques renonceront rapidement à vous mettre sous emprise et s'en iront chercher une personne plus docile, plus manipulable que vous.

49)   Comment se remettre d'une relation avec un(e) pervers(e) narcissique ?

On l'a vu, une relation avec un(e) pervers(e) narcissique laisse de nombreuses séquelles tant sur le plan physique que psychologique. Au sortir d'une telle épreuve, vous avez le sentiment de ne jamais pouvoir vous en remettre, et pourtant c'est possible moyennant quelques efforts. Encore faut-il que vous en ayez la force !

En premier lieu il faut, autant que possible, éviter tous les contacts directs avec le (la) pervers(e) narcissique afin de pouvoir recommencer à penser par vous-même sans aucune pression de sa part.

Ensuite, il faut faire une relecture de votre histoire en vous référant seulement aux faits, et non pas à ce que vous avez ressenti. Vous réalisez alors que vous avez aimé comme jamais un mirage !

Ce mirage, c'est votre rêve d'accomplissement que le (la) pervers(e) narcissique vous avait fait miroiter pendant la période de lune de miel, mais sans réellement s'investir. Cette personne a ensuite entretenu ce mirage pour vous garder sous emprise, tout en vous dévalorisant chaque jour davantage.

Vous devez absolument désidéaliser cette personne qui n'a fait que mimer des sentiments pour vous car, rappelons-le, un(e) pervers(e) narcissique n'est pas capable de voir l'autre comme une personne à part entière.

Comprendre le fonctionnement relationnel pathologique des pervers(es) narcissiques permet de se détacher un peu de cette personne, et surtout de déculpabiliser : vous n'êtes pas responsable de l'issue désastreuse de cette relation, tout simplement parce qu'il n'y a jamais eu de réelle connexion entre vous deux !

Par la suite, entamer un travail d'introspection, seul(e) ou avec un(e) professionnel(le) permet d'identifier ce qui vous a conduit à accepter que cette personne aille toujours plus loin dans ses comportements abusifs sans que vous lui imposiez vos limites.

Après ce type de relation, votre vision du monde a sans doute changé : si vous pensiez par exemple que l'amour, l'amitié, tous les sentiments profonds pouvaient tout arranger, vous savez désormais que c'est faux.

Vous êtes maintenant conscient(e) que certaines personnes, dont les pervers(es) narcissiques, ne peuvent pas écouter, ni être aidées, et qu'il faut même les fuir sous peine d'y laisser des plumes.

De plus cette expérience vous a montré qu'il est extrêmement dangereux de faire passer les besoins des autres avant les vôtres.

Une fois tout ceci bien intégré, vous vous sentirez déjà mieux et toutes les tentatives de nouvelles personnes toxiques ne donneront plus lieu à une emprise sur vous car vous saurez les repérer et fixer vos limites.

Laissez le temps faire son œuvre et faites-vous confiance vous êtes votre meilleur(e) allié(e).

50) Si l'emprise m'était contée…

Pour terminer ce livre, j'ai envie de vous partager un texte que j'ai écrit et qui résume bien, à mon sens, les étapes de l'emprise d'un(e) pervers(e) narcissique :

Bien avant la rencontre, ta cible est repérée.

Au premier rendez-vous, le charme peut opérer.

Très habile dans tes mots, tu vas l'ensorceler,

L'inondant de douceur, de textos enflammés.

Pensant vivre un authentique conte de fées,

Ta cible se laisse doucement apprivoiser,

Confiante, heureuse, ne pouvant se douter

De ce qui est, en fait, en train de se jouer.

En deux temps trois mouvements, elle se retrouve ferrée.

C'est alors que sa vie va totalement changer !

Elle n'est plus une cible mais ta victime ça y'est !

De sa famille, de ses amis, tu vas la séparer.

La victime est maintenant ta propriété.

Tu sais très bien quels mots tu vas lui adresser

Pour atteindre sans peine son émotivité

Et l'amener à faire tout pour te contenter.

Lentement mais sûrement, tu vas la dénigrer.

Dorénavant, tes mots sont des armes acérées

Que tu vas joyeusement, sur elle, actionner.

Pendant des semaines, des mois, des années,

Ta victime va sans cesse être ballotée

Entre tes chauds et froids, tes caprices répétés

Jusqu'à ce qu'elle finisse toute dévitalisée

Et comprenne dans quoi elle est embourbée.

Une immense énergie elle devra déployer

Pour pouvoir, de ton piège, se dégager.

De ton côté, pas question d'accepter

Que ta victime, ton jouet préféré

Puisse te résister, contre toi s'opposer !

Tout ton arsenal tu vas alors balancer

Pour soumettre à nouveau ton objet, ta poupée !

Mais ce que tu as fini par totalement oublier

C'est que ta victime a ce que tu n'auras jamais :

Des ressources, des envies, une intériorité,

Toutes ces qualités que tu lui as tant enviées.

Conclusion

Une relation d'emprise avec un(e) pervers(e) narcissique peut concerner chacun(e) d'entre nous, ce genre de personnes s'appuyant sur les fragilités structurelles ou conjoncturelles de leurs proies. Toute celles et ceux qui en ont connu, ont vécu un véritable cyclone émotionnel, dont certain(e)s ont bien du mal à se remettre.

Il est donc important d'arriver à repérer les signes annonçant une personnalité toxique, voire perverse narcissique, afin de la maintenir à distance et ainsi se préserver de ses assauts.
Mais il est encore plus essentiel d'identifier ce qui, chez soi, pourrait permettre l'instauration d'une emprise par ces personnalités manipulatrices.

Bien évidemment, il n'est pas question de voir des pervers(es) narcissiques partout, car il existe bien d'autres profils d'un tout autre ordre qui peuvent faire eux aussi bien des dégâts dans une relation.

Se dégager d'une telle relation demande une énergie et une volonté considérable, alors que les victimes ont déjà été bien éprouvées pendant la relation, mais c'est possible avec du soutien et un accompagnement adapté.

Lorsque les victimes y parviennent pour de bon, c'est qu'elles ont réussi à faire la plus belle rencontre de leur vie : la rencontre avec elles- mêmes.

Puisse ce livre en aider quelques-unes sur ce chemin, c'est tout ce que je souhaite !